PASOS 1

a first course in

Spanish

Activity Book

Rosa María Martín and
Martyn Ellis

2nd edition

2 nd edition

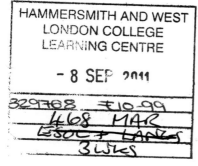
Orders: please contact Bookpoint Ltd, 130 Milton Park, Abingdon, Oxon OX14 4SB.
Telephone: (44) 01235 827720. Fax: (44) 01235 400454. Lines are open from 9.00 to 5.00,
Monday to Saturday, with a 24-hour message answering service. You can also order through
our website www.hoddereducation.co.uk

If you have any comments to make about this, or any of our other titles, please send them
to educationenquiries@hodder.co.uk

British Library Cataloguing in Publication Data
A catalogue record for this title is available from the British Library

ISBN: 978 0 340 929 230

First Edition Published 2001
Second Edition Published 2007
Impression number   10 9 8 7 6 5 4
Year   2010

Hachette UK's policy is to use papers that are natural, renewable and recyclable products and made from
wood grown in sustainable forests. The logging and manufacturing processes are expected to conform to the
environmental regulations of the country of origin.

Cover photo from Stacy Gold/National Geographic/Getty
Photos on page 50 © Dennis Gilbert/VIEW
Illustrations by Curtis Tappenden, Gillian Martin, David Hancock
Typeset by Charon Tec Ltd (A Macmillan Company), Chennai, India
www.charontec.com
Printed in Great Britain for Hodder Education, an Hachette UK company,
338 Euston Road, London NW1 3BH by the MPG Books Group

Contents

1

¿Quién eres?

Sección A *Actividades*

1 Une las palabras de las listas A y B (pon ¿
. . . ? si es necesario).

Lista A		Lista B	
1	Buenos *d*	a	tal
2	Cómo se *c*	b	noches
3	Mucho *g*	c	llama
4	Qué *a*	d	días
5	Me *f*	e	llamas
6	Buenas *b*	f	llamo
7	Cómo te *e*	g	gusto

2 Pon en orden el diálogo.

a Me llamo María.

b Buenas noches.

c Mucho gusto, José.

d Adiós, María.

e Hola. ¿Cómo te llamas?

f Me llamo José, ¿y tú?

g Adiós.

h Mucho gusto.

3 Lee las frases. ¿Formal o informal?

1 ¿Y tú? *iF*

2 ¿Cómo se llama? *F*

3 Hola. *F*

4 ¿Qué tal? *iF*

5 Buenos días. *F*

6 Mucho gusto. *F*

7 ¿Cómo te llamas? *iF*

8 ¿Y usted? *F*

Sección A *Gramática*

¡Atención!

Masculino: Buenos	Femenino: Buenas
me llamo	te llamas se llama

Ejercicios

1 Completa las frases.

A *Buenas* tardes. ¿Cómo te *llamas*?

B Me *llamo*. Ana, ¿y usted? ¿Cómo se *llama*?

A Me *llamo* Juan García.

2 Completa las frases.

1 . *Me* . llamo Juan.

2 Y tú, ¿cómo . *te* . llamas?

3 Y usted, ¿cómo . *se* . llama?

Sección A *Ampliación*

Vocabulario para la clase.

Usa el diccionario si es necesario.
un ordenador
un libro *BOOK*
un cuaderno
un lápiz *PENCIL*
un bolígrafo
una pluma
una goma
una agenda
papel

Sección B *Actividades*

1 Une los trabajos con el dibujo correspondiente.

1 **ENFERMERO/A**

2 **CAMARERO/A**

3 **PROFESOR(A)**

4 **FONTANERO/A**

5 **RECEPCIONISTA**

6 **TELEFONISTA**

7 **ELECTRICISTA**

8 **MECÁNICO/A**

9 **POLICÍA**

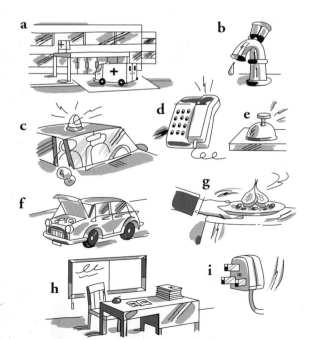

2 Relaciona las frases de la lista A con las de la lista B.

Ejemplo: **1 Soy** = **d Me llamo**

Lista A	Lista B
1 Soy	a ¿Cuál es su nombre?
2 ¿Qué eres?	b ¿Cuál es tu nombre?
3 ¿Qué es usted?	c ¿Cuál es su profesión?
4 ¿Cómo te llamas?	d Me llamo
5 ¿Cómo se llama?	e ¿Cuál es tu profesión?

3 Completa el diálogo. Elige la palabra adecuada.

ingeniero	directora	es	llama
llama	llamo	qué	señor
señora	soy		

En una conferencia

PÉREZ   Buenas tardes, soy el **1** . . . . . . Pérez. ¿**2** . . . . . . usted la señorita Martín?

LUISA   No, **3** . . . . . . la secretaria de la **4** . . . . . . Martín. Me **5** . . . . . . Luisa Martínez.

PÉREZ   Mucho gusto. ¿La señora Martín es la **6** . . . . . . de la empresa PRADOSA?

LUISA   Sí, señor. Y usted, ¿**7** . . . . . . es?

PÉREZ   Soy **8** . . . .

LUISA   ¿Y cómo se **9** . . . . . . su empresa?

PÉREZ   Mi empresa se **10** . . . . . . CISA.

Sección B *Gramática*

¡Atención!

Masculino/femenino

−o ➜ −a	camarero ➜ camarera
−e ➜ −e	estudiante ➜ estudiante

consonante ➜ consonante + −a

profesor ➜ profesora

Verbo ser

(yo) soy
(tú) eres
(él/ella/usted) es

Ejercicios

1 Indica: **masculino, femenino** o **masculino y femenino**.

1	arquitecta	6	mecánico
2	profesora	7	ingeniero
3	periodista	8	electricista
4	enfermero	9	conductor
5	policía	10	recepcionista

2 Forma el masculino de estas profesiones.

1 secretaria ....

2 arquitecta ....

3 recepcionista ....

4 directora ....

5 médica ....

6 pintora ....

7 escritora ....

8 periodista ....

3 Elige: **soy, eres** o **es**.

1 Tú .... profesor.

2 Elena .... camarera.

3 Usted .... electricista.

4 Me llamo Pedro. .... estudiante.

5 A: ¿Qué eres? B: .... mecánico.

6 ¿ .... usted médico?

7 Y tú, ¿qué ....?

8 Francisco .... pintor.

Sección B *Ampliación*

Las asignaturas.

Usa el diccionario si es necesario.

Ciencias	Biología	Inglés
Matemáticas	Arte	Economía
Geografía	Historia	Lengua

Sección C *Actividades*

1 Escribe la nacionalidad que corresponde a cada país (en masculino).

1	Colombia	colombiano ......
2	Argentina	....
3	España	....
4	Brasil	....
5	Francia	....
6	Italia	....
7	Alemania	....
8	Escocia	....
9	Inglaterra	....
10	Estados Unidos	....

2 Escribe las palabras del cuadro en la lista correcta: escribe el nombre del país con mayúscula e indica **f** o **m** (femenino o masculino) para cada nacionalidad.

Nacionalidad   País

española (f)   España

....

....

....

....

....

....

....

....

....

....

turca	uruguay	turquía
paraguay	paraguayo	uruguayo
griego	chileno	mexicano
alemana	méxico	~~española~~
egipcio	grecia	egipto
ecuatoriano	ecuador	chile
galés	alemania	~~españa~~
gales	guatemalteco	guatemala

3 Mira el mapa con los países de Latinoamérica. Coloca los nombres de cada país en el mapa.

Argentina	Bolivia	Brasil
Chile	Colombia	Costa Rica
Cuba	Ecuador	El Salvador
Guatemala	Honduras	México
Nicaragua	Panamá	Paraguay
Perú	Puerto Rico	Venezuela
República Dominicana		Uruguay

Sección C *Gramática*

¡Atención!

ser + de: Él **es de** Argentina.

Masculino/femenino (de nacionalidades):

español + a = español**a**

colombiano ➜ a = colombian**a**

inglés + a = ingles**a** (sin acento)

Ejercicios

1 Mira las nacionalidades y escribe las terminaciones en masculino y femenino.

masculino	femenino
1 irland ………	irland ……….
2 españ ………	………………
3 italian ………	………………
4 portugu ………	………………
5 cub ………	………………
6 estadounid ………	………………
7 colomb ………	………………
8 guatemal ………	………………
9 ecuator ………	………………
10 venez ………	………………

2 Completa las frases.

1 Juan …………… Madrid.

2 Pedro …………… argentino.

3 Yo …………… español.

4 Y tú, ¿ …………… Barcelona?

5 Yo …………… Bogotá.

6 ¡Hola Juan! ¿ …………… Venezuela?

7 María …………… guatemalteca.

8 Me llamo Javier. …………… mexicano.

3 Completa el diálogo.

JUAN   Alex, ¿de dónde **1** ………… ?

ALEX   **2** ………… español, ¿y tú? ¿de dónde **3** ………… ?

JUAN   **4** ………… colombiano.

ALEX   ¿De dónde **5** ………… María?

JUAN   María **6** ………… argentina, **7** ………… de Buenos Aires.

Sección C *Ampliación*

En España se hablan cuatro idiomas: castellano (español) en toda España, catalán en Cataluña, euskera en Euskadi (País Vasco), y gallego en Galicia. Estudia el mapa de las comunidades autónomas.

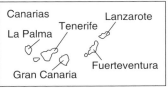

Sección D *Actividades*

1 Completa las frases.

1 El hijo de mi padre es mi ....
2 La madre de mi hijo es mi ....
3 La hija de mi madre es mi ....
4 La mujer de mi padre es mi ....
5 El hijo de mi mujer es mi ....
6 El marido de mi madre es mi ....
7 El padre de mi hijo es mi ....
8 El hermano de mi hija es mi ....

2 Escribe las preguntas para las frases.

1 ¿ .... ?
   Mi madre se llama Ana.

2 ¿ .... ?
   Tengo dos hijos y una hija.

3 ¿ .... ?
   El marido de Marta se llama Juan.

4 ¿ .... ?
   Sí, tengo un hermano.

5 ¿ .... ?
   Mi padre se llama Juan.

6 ¿ .... ?
   Tengo madre, pero no tengo padre.

Sección D *Gramática*

¡Atención!

Masculino —o	**Femenino** —a
herman**o**	herman**a**

Excepciones:	madre/padre
	marido/mujer

Posesivos: **mi, mis, tu, tus**, el padre **de** Ana

(yo) tengo, (tú) tienes

artículo: el/la

plural —s

Nota: hermano + hermana = hermanos;
    padre + madre = padres

Ejercicios

1 Escribe el masculino de estas palabras.

1 la hermana   ....
2 la madre   ....
3 la hija   ....
4 la mujer   ....

2 Escribe el plural de estas palabras.

1 el hermano   ....
2 la hija   ....
3 el marido   ....
4 el padre   ....
5 la madre   ....
6 el hijo   ....

3 Completa los diálogos.

1

A   Juan, ¿ .... hijos?

B   Sí, ... un hijo y una hija.

A   ¿Cómo se llaman .... hijos?

B   Mi hijo se .... Luis y .... hija se .... Marta.

2

C   ¿Cuántos hermanos .... Luis?

D   Luis .... un hermano y una hermana.

C   ¿Cómo se llama el hermano .... Luis?

D   El hermano .... Luis se llama Pedro.

3

E   Juan, ¿ .... hermana se llama Cristina?

F   No, ... hermana se llama Alicia. Cristina es la hermana .... María.

Sección D *Ampliación*

Otros miembros de la familia.

Usa el diccionario si es necesario.

el abuelo / la abuela

el nieto / la nieta

el tío / la tía

el sobrino / la sobrina

el primo / la prima

el cuñado / la cuñada

el yerno / la nuera

el esposo / la esposa

Repaso de toda la lección

1 Más gramática

Ver página 47 en Lección 7.

2 Leer

Lee la "Carta de amistad" de una revista. Lee las frases y contesta las preguntas con frases completas.

> Queridos amigos:
> ¿Qué tal? Me llamo Carmen, soy colombiana, de Bogotá, y soy profesora. Tengo un hermano y una hermana. Mi hermano se llama Pepe y mi hermana se llama Marta. Tengo un hijo, pero no tengo marido. Mi hijo es español y se llama Antonio. ¿Y tú?
> Un saludo,
> Carmen

1   ¿De dónde es Carmen? ....

2   ¿De dónde es el hijo de Carmen? ....

3   ¿Cuál es la profesión de Carmen? ....

4   ¿Tiene marido? ....

5   ¿Cuántos hermanos tiene? ....

6   ¿Cómo se llama la hermana de Marta? ....

7   ¿Quién es Antonio? ....

8   ¿Quién es Pepe? ....

3 Escribir

Escribe una carta a un(a) amigo/a con tus datos personales y con los de tu familia. Usa la carta de la sección "Leer" si es necesario.

> Querido/a amigo/a:
> ¿Qué tal?

2

¿Qué quieres?

Secciones A y B *Actividades*

1 Une las palabras de las listas A y C. Usa las palabras de la lista B si es necesario.

Ejemplo: zumo de naranja

	Lista A	Lista B	Lista C
1	zumo		queso
2	café		limón
3	patatas		jamón
4	agua	de	fritas
5	té	con	blanco
6	tortilla	sin	naranja
7	bocadillo		leche
8	empanadillas		gas
9	vino		patata

2 Escribe estas bebidas y comidas en la lista correcta del menú.

agua	zumo	tortilla	jamón
cerveza	olivas	pan	café
bocadillos	té	calamares	vino
hamburguesa	cortado	leche	patatas fritas

Menú

Comidas ....

Comidas vegetarianas ....

Bebidas ....

Bebidas alcohólicas ....

3 En el bar. Completa el diálogo. Usa el menú de Actividad 2.

CAMARERO   Buenos días. ¿Qué quiere comer?

TÚ   1 ....

CAMARERO   ¿Quiere algo más?

TÚ   2 ¿.............................. ?

CAMARERO   Hay bocadillos, patatas fritas, jamón, tortilla. . .

TÚ   3 ¿.............................. ?

CAMARERO   No, no hay tortilla de jamón.

TÚ   4 ¿.............................. ?

CAMARERO   Sí, hay tortilla de patata.

TÚ   5 ....

CAMARERO   ¿Para beber?

TÚ   6 ....

CAMARERO   ¿Algo más?

TÚ   7 .... ¿ .... ?

CAMARERO   Seis euros.

Secciones A y B *Gramática*

¡Atención!

quiero/quieres

hay   + singular (hay café)
      + plural (hay olivas)

Artículos: determinado/definido: **el/la/los/las**
             indeterminado/indefinido:
             un/una/unos/unas

Nota: muchas veces no usamos el artículo. Mira los ejemplos:

Quiero un zumo de naranja.
No quiero el zumo de naranja, quiero el zumo de limón.
No quiero zumo.
No hay zumo.
Quiero un bocadillo.
Quiero el bocadillo de queso.
¿Hay bocadillos?

Ejercicios

1 a   Escribe el artículo definido:
         el/la/los/las.

1   .... jamón

2   .... agua mineral

3   .... calamares

4   .... tortilla

5   .... olivas

6   .... hamburguesas

7   .... chocolate

8   .... bocadillos

9   .... cerveza

b   Escribe el artículo indefinido:
      un/una/unos/unas.

1   .... zumo

2   .... empanadillas

3   .... café solo

4   .... tortilla de jamón

5   .... naranjas

6   .... bocadillos de queso

7   .... pizza

8   .... té con leche

2   Completa la conversación con el artículo definido (**el/la/los/las**) o el indefinido (**un/una/unos/unas**) o sin artículo.

ANA   ¿Quieres **1** .... empanadillas?

MIGUEL   No quiero **2** .... empanadillas, quiero **3** .... patatas fritas. Quiero **4** .... paquete de patatas fritas.

CRISTINA Yo quiero **5** .... queso. **6** .... patatas fritas son para Juan. Juan quiere **7** .... bocadillo de queso.

JUAN   No quiero **8** .... bocadillo de queso, quiero **9** .... bocadillo de jamón.

ANA   Yo quiero **10** .... vino.

MIGUEL   ¿Qué vino quieres, **11** .... vino blanco o **12** .... vino tinto?

ANA   **13** .... vino tinto.

CRISTINA ¿Hay **14** .... olivas?

JUAN   No, no hay. ¿Quieres **15** .... cerveza?

CRISTINA   No, quiero **16** ………… café solo.
¿Hay **17** ………… hamburguesas?

ANA   No hay **18** ……… hamburguesas,
hay **19** ………… tortilla de patata.

3 Completa el diálogo con
quiero/quieres/hay.

A ¿**1** …………… un bocadillo?

B Sí, gracias, ¿qué bocadillos **2** …………?

A **3** …………… bocadillos de jamón y de
queso.

B **4** ………… un bocadillo de queso, por
favor.

A ¿**5** …………… agua?

B Sí, gracias. **6** …………… agua mineral.

A ¿**7** …………… con gas o sin gas?

B **8** ………… agua con gas. ¿**9** …………
cerveza?

A No, no **10** ……… cerveza. ¿**11** ………
vino?

B Sí, gracias, **12** ………… vino.

A ¿Qué vino **13** ………… , blanco o tinto?

B **14** ……………… vino blanco, por favor.

Secciones A y B *Ampliación*

En el restaurante: más comida y bebida.
¿Qué palabras reconoces? Usa el diccionario si
es necesario.

Primer plato: los espaguetis, los macarrones,
la ensalada, la sopa.
Segundo plato: la lasaña, el pescado,
las salchichas, el lomo.
Postre: el helado, la fruta, el flan.
Bebidas: el agua con gas, el agua sin gas,
el refresco, el coñac, el ron, el jerez.

Secciones C y D *Actividades*

1 Una dieta completa. Clasifica las comidas y
bebidas en la categoría correspondiente. Usa
el diccionario si es necesario. (Sección C)

Hidratos de carbono	Grasas	Proteínas	Frutas
		pollo	

naranja	leche	pescado
ternera	manzana	chocolate
huevo	lechuga	mantequilla
patatas	coliflor	pan
champiñón	trucha	pollo
pastel	azúcar	pasta

2 Estudia el menú y completa el diálogo
(página 11) en un restaurante.
(Secciones C y D)

Menú

Primer Plato
Ensalada mixta
Sopa de lentejas
Gazpacho

Postre
Helado
Melocotón en almíbar
Fruta del tiempo

Segundo plato
Pollo asado
Pescado a la plancha
Salchichas

Bebidas
Agua
Vino de la casa
Cerveza
Café
Té

CAMARERO	¿Qué va a tomar de primer plato?
CLIENTE	1 ....
CAMARERO	¿Y de segundo?
CLIENTE	2 ....
CAMARERO	¿Con patatas o con ensalada?
CLIENTE	3 ....
CAMARERO	¿Quiere postre?
CLIENTE	¿4 ....?
CAMARERO	Hay naranja, manzana o pera.
CLIENTE	5 ....
CAMARERO	Muy bien. ¿Toma café?
CLIENTE	6 ....

3 Une las preguntas de la lista A con las respuestas de la lista B. (Sección D)

Lista A	Lista B
1 ¿De dónde eres?	a Médico
2 ¿Qué quieres comer?	b Leche
3 ¿Dónde vives?	c De Madrid
4 ¿Cuál es tu profesión?	d En Málaga
5 ¿Qué quieres beber?	e Pescado

Secciones C y D *Gramática*

¡Atención!

el/la/los/las

vivir: vivo/vives/vive

Interrogativos:

¿**Dónde** vives?

¿**De dónde** eres?

¿**Quién** vive en ... ?

¿**Cuál** es tu profesión?

Ejercicios

1 Escribe el artículo correspondiente con cada palabra.

1 .... huevos
2 .... azúcar
3 .... lechugas
4 .... salchichas
5 .... pescado
6 .... sopa
7 .... cafés
8 .... postre

2 Completa el diálogo.

ANA	Fernando, ¿dónde 1 .... ?
FERNANDO	2 .... en Barcelona.
ANA	¿Y dónde 3 .... tu hermana?
FERNANDO	Mi hermana 4 .... en Madrid.
ANA	¡Ah! Yo también 5 .... en Madrid.

3 Completa las preguntas y respuestas.

1 ¿ .... eres?
.... de Madrid.
2 ¿ .... te llamas?
.... Juana.
3 ¿ .... vives?
.... en Madrid.
4 ¿ .... es tu profesión?
.... profesora.
5 ¿ .... quieres beber?
.... un agua mineral.
6 ¿ .... se escribe tu nombre?
.... J-U-A-N-A.
7 ¿ .... es tu número de teléfono?
.... el 9756776.

4 Escribe las preguntas de la Actividad 3 en la forma **usted**.

Secciones C y D *Ampliación*

En el restaurante: objetos importantes. ¿Qué palabras reconoces? Usa el diccionario si es necesario.

un plato	una fuente	una taza
un vaso	una copa	una jarra
un cuchillo	un tenedor	una cuchara
una cucharilla		

Secciones D y E *Actividades*

1 Une las sílabas (entre dos y cuatro para cada palabra) y forma cinco lugares de la ciudad. (Sección D)

1 CA	2 TE	3 PLA
4 A	5 O	6 NI
7 SE	8 ZA	9 PA
10 CA	11 VE	12 LLE
13 RA	14 RRE	15 DA

Cuadrados	Palabra
1 + 12	CALLE
....	....
....	....
....	....
....	....

2 Escribe la abreviatura correspondiente a cada palabra. (Sección D)

1	calle	c/ ....
2	plaza	....
3	señor	....
4	señora	....
5	paseo	....
6	carretera	....
7	señorita	....
8	avenida	....
9	número	....
10	primero	....

3 Elige el número que corresponde. (Sección E)

1 65 **a** cincuenta y seis **b** sesenta y cinco
c dieciséis

2 87 **a** setenta y ocho **b** ochenta y seis
c ochenta y siete

3 55 **a** cincuenta **b** quince
c cincuenta y cinco

4 40 **a** catorce **b** cuarenta
c cuarenta y cuatro

5 33 **a** treinta y tres **b** treinta
c trece

6 98 **a** noventa y uno **b** noventa y ocho
c noventa y nueve

7 14 **a** catorce **b** cuarenta
c cuarenta y cuatro

8 12 **a** veinte **b** veintiuno
c doce

Secciones D y E *Gramática*

¡Atención!

tener: yo tengo, tú tienes, él/ella/usted tiene

Interrogativos:

¿Cuál es tu número de teléfono?

¿Cuántos años tienes?

¿Cómo se escribe?

Ejercicios

1 a Escribe los números en cifras.
(Sección E)

1 setenta y cinco = 75

2 ochenta y siete = ...

3 noventa y siete = ...

4 treinta y cinco = ...

5 veintiuno = ...

6 cincuenta y seis = ...

7 cuarenta y ocho = ...

8 quince = ...

9 diecinueve = ...

b Escribe los números en palabras.

1 54 = cincuenta y cuatro ....

2 66 = ...

3 78 = ...

4 92 = ...

5 18 = ...

6 27 = ...

7 35 = ...

8 13 = ...

9 44 = ...

2 Completa con las palabras
correspondientes.

a

A ¿1 .... años 2 .... tu
hermana?

B 3 .... veinte.

A ¿Y tú? ¿4 .... años 5 .... ?

B Yo 6 .... dieciocho.

b

C ¿1 .... se escribe Gómez?

D 2 .... G-O-M-E-Z, con acento en
la o.

C ¿3 .... años tienes?

D 4 .... veintiocho años.

C ¿5 .... es tu número de teléfono?

D Mi número 6 .... es 3456790.

Secciones D y E *Ampliación*

Más vocabulario de la ciudad.
¿Qué palabras reconoces? Usa el diccionario si
es necesario.

el parque	el hospital
la estación	el banco
el supermercado	el garaje
los grandes almacenes	el estadio

Repaso de toda la lección

1 Más gramática

Ver página 48 en Lección 7.

2 Leer

Busca los sandwiches que tienen estos ingredientes.

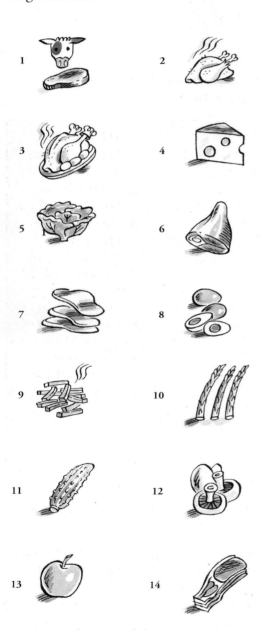

SANDWICHES	
Todos se sirven con guarnición de tomate y ensaladilla rusa.	
Jamón y queso a la plancha	€3,20
Vegetal plancha *Con espárragos, lechuga y tomate*	€2,95
Combinado de pavo *Tres tostadas con una capa de pavo y en otra huevo duro, jamón de york, lechuga y tomate*	€3,70
Croque Monsieur *Dos tostadas con jamón de york, queso, encima champiñón, ligeramente salseado con bechamel, gratinado y patatas fritas*	€4,05
Payés *Con tomate, jamón serrano, tortilla francesa y patatas fritas*	€4,50
De pollo doble *Con salsa rosa, huevo duro, pepinillo y tomate*	€3,75
Sandwich Dos Islas *Con jamón de york, manzana, queso, salsa rosa, lechuga, huevo y mayonesa*	€3,10
Montecristo *Jamón de york, queso, pollo fileteado, tomate, mayonesa, en dos pisos, con guarnición de patatas fritas*	€4,05
De ternera *Con bacon, lechuga, tomate, jamón de york y salsa tártara*	€3,70
VIPS Club *Tres pisos con jamón de york, pollo, bacon, queso y tomate*	€4,30

3 Escribe

Escribe una carta con tu información: nombre, nacionalidad, profesión, edad, teléfono, dirección.

3

¿Dónde está?

Secciones A, B y C *Actividades*

1 Pon la capital en su país y escribe frases. Los puntos (•) son las capitales.

Ejemplo: Bogotá está en Colombia. Está en el centro de Colombia.

1	Bogotá	2	Buenos Aires
3	Montevideo	4	Lima
5	Caracas	6	Quito
7	Tegucigalpa	8	Ciudad de México
9	Asunción	10	La Paz

2 Une las preguntas (lista A) con las respuestas (lista B).

	Lista A		Lista B
1	¿Dónde está Madrid?	a	Está en el centro de España.
2	¿Eres española?	b	Tres millones.
3	¿Cuál es la capital de Perú?	c	Soy de Barcelona.
4	¿Es muy grande tu ciudad?	d	Hay un parque muy grande y galerías de arte.
5	¿Cuántos habitantes tiene tu ciudad?	e	Vivo en Madrid.
6	¿A cuántos kilómetros está?	f	Sí, es muy grande.
7	¿Está Madrid cerca de Barcelona?	g	No, está lejos.
		h	A seiscientos kilómetros.
8	¿Dónde vives?	i	Sí, soy española.
9	¿De dónde eres?	j	Lima.
10	¿Qué hay en tu pueblo?		

3 Escribe un párrafo sobre cada una de estas cuatro ciudades.

1 Barcelona: Comunidad de Cataluña/NE España/grande: 1.600.000 habitantes/ Madrid a 621 km/cerca: Tarragona/ muy lejos: Sevilla.

2 La Coruña: Comunidad de Galicia/NO España/pequeña: 250.000 habitantes/ Barcelona a 1.109 km/cerca: Pontevedra/ lejos: Madrid.

3 Valladolid: Comunidad de Castilla-León/ centro España/mediana: 335.000 habitantes/Madrid a 200 kilómetros/ cerca: Ávila/lejos: Barcelona.

4 Sevilla: Comunidad de Andalucía/S España/ grande: 720.000 habitantes/Madrid a 542 km/cerca: Granada/lejos: La Coruña.

4 Escribe las frases en el orden correcto.

1 ¿grande es Sevilla?

2 ¿kilómetros Bilbao cuántos de está a Sevilla?

3 ¿es Barcelona cómo?

4 ¿dónde Zaragoza está?

5 noreste Zaragoza España en está el de

6 ciudad la está centro en la el de plaza

7 grande hay cine un centro muy el en

8 hay antiguos Barcelona muchos edificios en

Secciones A, B y C *Gramática*

¡Atención!

es español/**es** grande/**está** en el norte

ser/estar/tener/hay

Orden de las palabras en la pregunta.

Ejercicios

1 Elige el verbo adecuado: **tener, hay, ser o estar.**

1 Mi ciudad ....tiene........ cien mil habitantes.

2 En mi ciudad ...hay.......... un campo de fútbol.

3 Mi pueblo ....está.... pequeño.

4 El hospital ....está....... cerca de mi casa.

5 En el centro ....hay........ muchos cines.

6 La ciudad ...tiene........ dos equipos de fútbol.

7 Los dos parques ...son......... grandes.

8 Mi casa ....es.......... en el centro.

2 Elige **es** o **está** para cada frase.

1 Juan ....es.......... de Madrid.

2 Barcelona .....está....... en el norte.

3 María ...está.......... en Sevilla.

4 Buenos Aires ...es.............. grande.

5 Zaragoza está............ a trescientos kilómetros de Madrid.

6 El estadio no ...es.............. en el centro.

7 Juan está........... en la oficina.

8 El edificio ...es.............. muy bonito.

3 Rellena los espacios en blanco con las palabras del cuadro.

es (x3)	está (x2)	estoy (x2)	hay (x3)

¡Hola Ana!

1 Estoy...... con mi familia en una ciudad que se llama Jaca. 2 Es.............. una ciudad muy bonita y no 3 es............ muy grande. 4 Está.......... en el norte de España, en los Pirineos. 5 Está........... muy cerca de la frontera con Francia. 6 Estoy....... en una casa cerca del centro, y no 7 hay........... muchos turistas, 8 es............ muy tranquila. 9 Hay.......... monumentos muy interesantes y también 10 ...hay...... muchos bares y restaurantes.
Un abrazo
Miguel

Secciones A, B y C *Ampliación*

Vocabulario de geografía y ciudad.

Usa el diccionario si es necesario.

Geografía	Ciudad
una montaña	un parque
un lago	un castillo
un río	un museo
una playa	una iglesia
el mar	un edificio
un bosque	una tienda

Sección D *Actividades*

1 Estás en la plaza de España y quieres visitar a tus amigos. Escribe el nombre de cada amigo/a en el plano. Lee las notas.

El plano

Las notas

a
Hola. Vivo en la calle San Pedro. Todo recto desde la plaza de *España* y la tercera a la derecha.
Catalina

b
Hola. Vivo en la avenida Goya. Todo recto al final de la avenida. Juan

c
Hola. Soy Manuel. Vivo en la calle San Miguel. Desde la plaza de España todo recto y la primera a la derecha.

d
Hola. Vivo en la calle Roma. Sique todo recto desde la plaza y es la primera a la izquierda. Ana

e
Hola. Vivo en la carretera San José. Todo recto desde la plaza al final, la segunda a la izquierda. Luis.

2 Mira el plano de la ciudad.

Escribe a tu amigo/a y explica cómo llegar desde la estación a:

1   tu casa.
2   el restaurante Flor.
3   el hotel Miramar.
4   la catedral.
5   el banco.

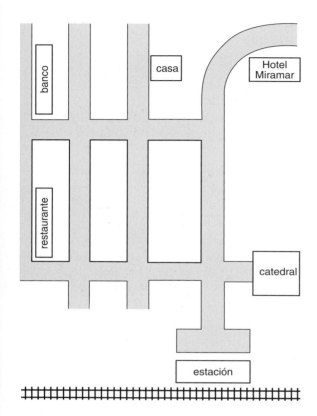

2   Yo _estoy_ .... en casa. ¿Y tú? ¿Dónde
    estás .... ?

3   El hotel Miramar _está_ .... aquí.

4   Yo no _estoy_ .... en el hotel Miramar,
    yo _estoy_ .... en el hotel Ecuador.

5   Carlos _está_ .... en el hotel Miramar.
    ¿ _Estás_ .... tú en un hotel?

6   No, yo _estoy_ .... en un apartamento. El
    apartamento _está_ .... en la plaza
    Mayor.

2 Elige **es** o **está**.

1   El hotel Colón _está_ .... en la plaza
    San Francisco.

2   ¿Dónde _está_ .... la plaza San
    Francisco?

3   _Es_ .... al final de la calle Flores.

4   ¿Cuál _es_ .... la calle Flores?

5   _Es_ .... la segunda calle a la derecha y
    el hotel _es_ .... a la izquierda.

3 Elige **la, a la** o **al**.

1   La calle Mayor es _a la_ .... primera
    _a la_ .... derecha.

2   El museo está ... _al_ .... final de la
    calle.

3   Todo recto y es ... _la_ .... segunda
    _a la_ .... izquierda.

4   La catedral está ..... _a la_ ..... derecha.

5   ..... _la_ .... final de la calle está la
    estación.

3 Invitas a una amiga española. Busca o
dibuja un plano de tu ciudad. Escribe una
nota explicándole cómo ir desde tu casa a
varios sitios de tu ciudad.

Sección D *Gramática*

¡Atención!

estoy estás está

la / a la / al

Ejercicios

1 Elige la forma correcta del verbo **estar**.

1   María _está_ .... en la oficina. La
    oficina _está_ .... al final de la calle
    Serrano.

Sección D *Ampliación*

Vocabulario de tráfico.

Usa el diccionario si es necesario.

Prohibido el paso

Peligro

Prohibido aparcar

Dirección única

Curva

Semáforo

Paso de cebra

Cruce

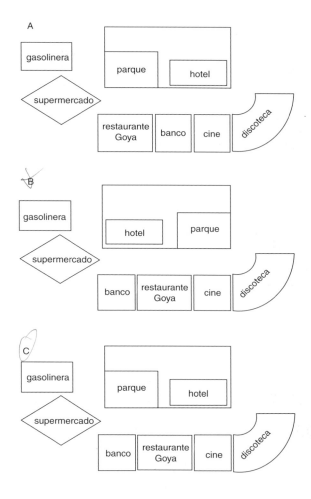

Sección E *Actividades*

1 Mira las tres plazas. ¿En qué plaza vive Luis? Lee su carta y elige el plano que corresponde.

Vivo en una plaza muy interesante. Hay una discoteca en la esquina al lado del cine. Enfrente del cine hay un hotel, y el restaurante Goya está al lado del cine. El banco está entre el restaurante y un supermercado. Al lado del supermercado hay una gasolinera y enfrente hay un parque.

2 Mira las plazas A y B de Actividad 1 y escribe las diferencias que hay entre las dos.

Sección E *Gramática*

¡Atención!

¿Dónde está _____?

Está al lado de _____/enfrente de _____/entre _____ y _____/delante de _____/ detrás de _____/sobre _____/en el semáforo/en la esquina.

Artículos: diferencia entre definidos (**el/la/los/las**) e indefinidos (**un/una/unos/unas**).

Ejercicios

1 Une las palabras de la lista A con las correspondientes de la lista B.

	Lista A		Lista B
1	Está en la _b_	a	de la estación.
2	Está al _b_	b	esquina de la calle.
3	Está enfrente _c_	c	delante del semáforo.
4	Está entre la cafetería	d	lado del banco.
5	Está _c_	e	de la mesa.
6	Está debajo _e_ f		y el cine.

2 Escribe el artículo en estos diálogos.

a

A ¿Hay 1 ....una........ cafetería por aquí?

B Sí, hay 2 ....una........ cafetería, está en 3 ....la.......... calle Don Jaime.

A ¿Dónde está 4 ...la........... calle Don Jaime?

B 5 ...la........... calle don Jaime está al otro lado de 6 ...la........... plaza Mayor.

b

C ¿Dónde hay 1 ...un............. restaurante?

D Hay 2 ...un............. restaurante en 3 ...la............. calle San Carlos. 4 ...El............. restaurante se llama Alfonso X. Está al lado de 5 ...la............. farmacia que se llama Curatodo.

C ¿Y dónde está 6 ...el............. hotel Sol?

D Pues hay 7 ...un............. hotel al lado de 8 ...la............. farmacia, pero no se llama Sol, se llama Mirasol.

3 Rellena los espacios en blanco con las palabras del cuadro.

de	debajo	detrás	enfrente	entre
es	esquina	está (x2)		estoy
hay (x2)		lado	tiene	

¡Hola! Yo 1 ...estoy........ en Sitges de vacaciones. Sitges 2 ...es............ una ciudad muy bonita. En Sitges 3 ...hay........... una playa preciosa. Sitges 4 ...está........... a treinta kilómetros 5 ...de............. Barcelona. Sitges 6 ...tiene........ dieciséis mil habitantes. Mi apartamento 7 ...está........ en el paseo Palmeras. Está 8 ...enfrente........ de la playa, al 9 ...lado........... de un parque. Está 10 ...entre......... el hotel Miramar y la cafetería Sol. 11 ...debajo........... de mi apartamento hay un supermercado. En la 12 ...esquina...... de mi calle hay un restaurante. En la plaza Mayor 13 ...hay......un museo interesante, está 14 ...detrás....... de la iglesia.

Sección E *Ampliación*

La clase: vocabulario de los muebles y objetos de la clase.
Usa el diccionario si es necesario.

la puerta
la ventana
la mesa del profesor
la mesa de los estudiantes / el pupitre
la pizarra
el vídeo
el ordenador
las estanterías

Repaso de toda la lección

1 Más gramática

Ver página 48 en Lección 7.

2 Leer

Haz el test de conocimientos: "Lugares de España".

1 Bilbao está al lado de *las montañas*
  a la playa
  b el centro
  c las montañas

2 Málaga está en *Andalucía*
  a Cataluña
  b Andalucía
  c Aragón

3 Los Pirineos están en el *norte* de España.
  a sur
  b este
  c norte

4 Ibiza está en las islas *Canarias*.
  a Canarias
  b Baleares
  c de Gibraltar

5 Hay playas bonitas en *Almería*.
  a Toledo
  b Almería
  c Sevilla

6 Hay una mezquita musulmana muy antigua en *Córdoba*.
  a Córdoba
  b Barcelona
  c Santander

Ahora lee el folleto de lugares de vacaciones para comprobar tus respuestas

---

Lugares de España

Los Pirineos están en el norte de España. La ciudad de Bilbao también está en el norte, al lado de la playa. Hay playas bonitas en Almería, en el sur de España y en Málaga. Málaga y Almería están en Andalucía. También en Andalucía hay una mezquita musulmana muy antigua, en Córdoba. Hay muchas islas en España. Ibiza está en las islas Baleares.

---

3 Escribir

Describe tu pueblo o ciudad. Contesta estas preguntas.

¿Cómo se llama?
¿Dónde está?
¿A cuántos kilómetros está de la capital o de una ciudad importante?
¿Cuántos habitantes tiene?
¿Cómo es?
¿Qué hay en tu ciudad?

4

¿Cómo es?

Sección A *Actividades*

1 Une los dibujos con las frases.

a   b   c

d   e   f

g   h

1 Quiero una habitación doble.

2 Quiero una habitación individual.

3 Con baño, por favor.

4 Quiero con ducha.

5 Pensión completa.

6 Quiero media pensión.

7 Desayuno sólo.

8 Para dos noches.

2 Completa la parte del cliente en el diálogo.

RECEPCIONISTA	Buenos días, ¿qué quería?
CLIENTE	1 ....
RECEPCIONISTA	¿Para cuántas noches quiere las habitaciones?
CLIENTE	2 ....
RECEPCIONISTA	Muy bien. ¿Quiere las dos habitaciones con baño?
CLIENTE	3 ....
RECEPCIONISTA	Lo siento, pero ahora no tenemos individuales con ducha.
CLIENTE	4 ....
RECEPCIONISTA	¿Quieren comer o cenar en el hotel?
CLIENTE	5 ....
RECEPCIONISTA	Muy bien, pues desayuno y cena.
CLIENTE	6 ¿.....................?
RECEPCIONISTA	La doble 100 euros y la individual 75 euros. Firme aquí, por favor. Aquí tiene las llaves.

3 Escribe las fechas con números.

1   el veinte de febrero   20/2

2   el veinticinco de diciembre   25/12

3   el ocho de octubre   8/10

4   el dieciséis de mayo   16/05

5   el tres de noviembre   3/11

6   el treinta de septiembre   30/09

7   el uno de febrero   1/02

8   el trece de marzo   3/03

9   el once de enero   11/01

4 Lee los números y pon las cifras que faltan.

1   mil setecientos cincuenta y uno
    1. ....51 ➜ 1.751

2   tres mil trescientos ochenta y uno
    3.3 ..... 1 ➜ 3.381

3   quinientos treinta y tres
    ......33 ➜ 533

4   cuatrocientos tres
    4.....3 ➜ 403

5   ocho mil setecientos treinta y seis
    8.73....... ➜ 8.736

6   dos mil ciento ocho
    2. ....08 ➜ 2008

7   cinco mil cincuenta
    5.0......0 ➜ 5050

8   ciento doce
    11..... ➜ 112

9   diez mil cuatrocientos quince
    10. .... 15 ➜ 10.415

10 novecientos cincuenta y siete
    9......7 ➜ 957

11 quince mil quinientos
    15.5.....0 ➜ 15.500

Sección A *Gramática*

¡Atención!

Preposiciones: para, con, sin

para una noche / una persona / el dos de octubre

con baño/desayuno

sin ducha

Fechas: el dos de abril
masculino/femenino: el/la

Ejercicios

1 Escribe las preposiciones correspondientes.

1   Una habitación ...con............ baño.

2   Quiero reservar una habitación ..para... una semana.

3   Tengo una habitación ...sin.......... baño, pero tiene lavabo.

4   Quiero una habitación ...con........ desayuno incluido.

5   Quiero la habitación ...para...... el dos de mayo.

2 Escribe las fechas con palabras.

1   7/3   el siete de marzo

2   3/12   el tres de diciembre

3   13/6   el trece de junio

4   21/7   el veintiuno de julio

5   18/1   el dieciocho de enero

6   29/11   el veintinueve de noviembre

7   1/9   el uno de septiembre

8   12/2   el doce de febrero

9   25/5   el veinticinco de mayo

10 11/3   el once de marzo

3 Escribe **el** o **la** con cada palabra.

1 ...*el*... desayuno
2 ...*la*... habitación
3 ...*la*... pensión
4 ...*la*... semana
5 ...*el*... baño
6 ...*la*... hora

7 ...*la*... noche
8 ...*la*... persona
9 ...*la*... ducha
10 ...*el*... día
11 ...*el*... mes
12 ...*la*... fecha

b Une los símbolos con las palabras de **a**.

 a

 b

 c

 d

 e

 f

 g

 h

 i

Sección A *Ampliación*

Otras formas de alojamiento.

Usa el diccionario.

el camping   el apartamento   el hostal
el aparthotel   la pensión   el parador
el albergue   la casa rural

Sección B *Actividades*

1 **a** Completa las palabras.

1 c _ l _ f _ c _ i _ _ calefacción
2 _ e _ t _ u _ a _ t _
3 _ i _ c _ t _ c _
4 p _ l _ q _ e _ í _
5 _ i _ c _ n _
6 a _ c _ n _ o _
7 _ a _ e _ e _ í _
8 s _ r _ i _ i _ c _ m _ r _ r _
9 _ i _ e a _ o _ d _ c _ o _ a _ o

2 Une las preguntas (1–8) con las respuestas (a–h).

1 ¿Dónde estás?
2 ¿Dónde está el camping?
3 ¿Cómo es?
4 ¿Cómo se llama?
5 ¿Qué hay en el camping?
6 ¿Hay supermercado?
7 ¿Hay restaurante?
8 ¿Cómo es la piscina?

a Camping Pirineos.
b Muy grande.
c Sí, es muy bueno.
d No, pero hay una tienda pequeña.
e Muy grande y limpio.
f En un camping.
g En las montañas.
h Una piscina, un campo de fútbol …

3 Estás en un hotel. Contesta las preguntas con frases completas. Inventa.

1 ¿Dónde estás? Estoy en un hotel.

2 ¿Cómo se llama el hotel?

3 ¿Dónde está el hotel?

4 ¿Cómo es el hotel?

5 ¿Cuántas habitaciones hay?

6 ¿Cuál es tu habitación?

7 ¿Cómo es tu habitación?

8 ¿Qué hay en la habitación?

9 ¿Qué hay en el hotel?

Sección B *Gramática*

¡Atención!		
Masculino:	—o	
		—e
Femenino:	—a	
Verbos:	hay/es/está	
Interrogativos:	¿Qué?/¿Cómo?/¿Dónde?	

Ejercicios

1 Elige la terminación correspondiente (masculino o femenino) para completar las palabras.

1 El jardín es grande............ .

2 La habitación es pequeña............ .

3 La ducha es moderna............ .

4 El sofá es cómodo............ .

5 La televisión es bonita............ .

6 La cama es grande............ .

7 El jardín es bonito............ .

8 La piscina es moderna............ .

9 El restaurante es económico............ .

10 El ascensor es muy rápido............ .

11 La cama es cómoda............ .

2 Elige el verbo correspondiente: **hay**, **es** o **está**.

1 En el jardín hay...... una piscina.

2 El hotel está.... en la playa.

3 La habitación es....... grande.

4 El restaurante es...... bueno.

5 Está/Hay una peluquería en el hotel.

6 La discoteca está.... en el centro.

7 La habitación está.... en el cuarto piso.

8 ¿ Hay..... servicio de camarero?

3 Pon los interrogativos correspondientes: **¿Qué?**, **¿Cómo?** o **¿Dónde?**

1 ¿ Cómo........ se llama el hotel?

2 ¿ Dónde..... está el hotel?

3 ¿ Qué......... tiene el hotel?

4 ¿ Qué....... hay en el menú?

5 ¿ Cómo....... es el restaurante?

6 ¿ Cómo...... están los servicios?

7 ¿ Dónde..... está la piscina?

8 ¿ Qué......... hay para beber?

Sección B *Ampliación*

Más adjetivos.

caro, barato, nuevo, viejo, antiguo, tranquilo, ruidoso, fantástico, maravilloso

Secciones C y D *Actividades*

1 Mira los planos de estos pisos y escribe la descripción de cada uno.

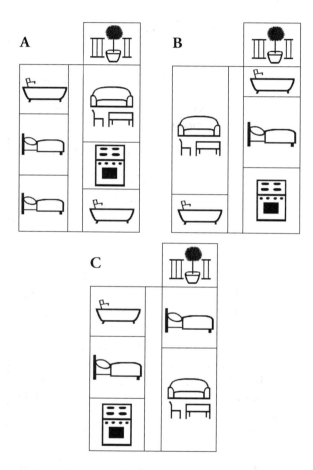

El piso A tiene un pasillo, dos dormitorios, etc. El dormitorio está al lado del baño. La cocina está enfrente del dormitorio…

El piso B …

El piso C …

2 Lee los anuncios de pisos y las fichas de las personas. Decide para qué familia es cada piso.

Anuncios

1 Piso céntrico, 60 m². Antiguo, pero renovado y cómodo. Tres dormitorios y dos baños. 3ª planta. Todo exterior. Tiendas y colegios cerca. 190.000€.

2 Piso un dormitorio, cocina-comedor, amueblado, terraza. Todo exterior, garaje independiente. Céntrico. 172.000€.

3 Chalet individual, en urbanización tranquila a cuatro kilómetros del centro, tres dormitorios, cocina independiente, comedor/salón, estudio, dos baños, garaje. 330.000€.

4 Chalet individual, en zona tranquila a cinco kilómetros de la ciudad. Dos dormitorios, cocina-comedor, un baño, salón, jardín grande, garaje, vistas al mar. 310.000€.

Fichas

A Quiero un piso o una casa cerca de la playa, no muy grande. Tengo un hijo de doce años. Quiero un jardín bonito y grande. Me gusta el mar.

B Somos una pareja sin hijos. Queremos vivir en un piso pequeño cerca del centro. Necesitamos aparcamiento para el coche.

C Tengo dos hijos y estoy divorciado. Quiero vivir cerca del colegio de los niños porque no tengo coche. No quiero vivir lejos del centro. No tengo problemas de dinero. Prefiero un piso moderno, alto y con ascensor, con dos baños.

D Queremos un piso en la planta baja o una casa grande y tranquila. Tenemos tres hijos pequeños y trabajamos en casa. Necesitamos espacio y no queremos vivir en el centro.

3 Mira los dibujos y los nombres de los muebles y objetos. Escribe los lugares de la casa donde puedes encontrarlos. Después escribe frases.

Ejemplo: La bañera está en el cuarto de baño.

1 la bañera
2 la lámpara
3 el armario
4 el sofá
5 la ducha
6 la silla
7 la estantería
8 la mesilla de noche
9 la cama
10 el frigorífico

Secciones C y D *Gramática*

¡Atención!

es/son

está/están = **es** grande, **están** sucios

Adjetivos: femenino/masculino

Singular/plural = casa ➔ casas, comedor ➔ comedores

(Nota: si hay un acento en el singular, no hay en el plural: salón ➔ salones.)

Ordinales:　　　　　　　　primer/primero/primera

　　　　　　　　　　　　　segundo/segunda

　　　　　　　　　　　　　tercer/tercero/tercera, etc.

Ejercicios

1 a　Escribe **el** o **la** con cada palabra.
　　b　Elige un adjetivo del cuadro para cada palabra. Cambia al femenino si es necesario.
　　c　Escribe las frases en el plural.

bonito	grande	rápido	moderno
cómodo	limpio	viejo	desordenado
vacío	pequeño		

1　la... casa bonita ➔ las casas bonitas
2　el... hotel grande ➔ los hotels grandes
3　el... apartamento pequeño ➔ los s. pequeños
4　la... habitación vieja ➔ ....
5　el... ascensor rápido ➔ ....
6　la... piscina bonita ➔ ....
7　la... cocina moderna ➔ ....
8　el... piso .... ➔ ....
9　...... comedor .... ➔ ....
10　...... baño .... ➔ ....

2 a   Completa las frases con **es** o **está**.

b   Escribe la pregunta que corresponde a cada frase: **¿Cómo es?** o **¿Cómo está?**

c   Escribe las frases en plural.

1   La casa *es* cara. ¿Cómo es la casa? Las casas son caras.

2   La habitación .... limpia.

3   La ciudad .... grande.

4   El piso .... sucio.

5   La cocina .... pequeña.

6   El salón .... vacío.

7   El café .... caliente.

8   El vino .... caro.

9   El restaurante .... nuevo.

10   El hotel .... viejo.

11   El vaso .... lleno.

12   El dormitorio .... desordenado.

3 Una casa familiar. Sustituye los números en el texto.

Ejemplo:2º/2ª = *segundo/segunda*

Vivo en el 3er piso, 2ª puerta. Mi amigo Juan vive en el 5º piso, 1ª puerta. Mi amiga Susana vive en el 9º piso, 4ª puerta. Mi hermano vive en el 1er piso, 8ª puerta. Mis padres viven en el 10º piso, puerta 3ª. Mi tía vive en el 8º piso, 6ª puerta. Mis primos viven en el 7º piso, 5ª puerta.

Secciones C y D *Ampliación*

Adjetivos.

Usa el diccionario. Decide qué verbo usar: **es** o **está**.

agradable   *Es agradable.*
acogedor
encendido
apagado
cerrado
abierto
feo
barato
roto
incómodo

Repaso de toda la lección

1 Más gramática

Ver página 48 en Lección 7.

2 Leer

Elige un hotel para cada persona.

Hotel Carlos I ✱✱✱	
Situado a unos 150 metros de la playa. Habitaciones con calefacción, baño completo, teléfono y terraza. Bar-salón, sala	TV, piscina, terraza-solarium. Programa de animación. Servicio de comedor: servido en mesa.

Hotel Sol ✱✱✱✱	
Situado a 100 metros del centro. 80 habitaciones con baño completo, teléfono directo, TV vía satélite, vídeo, hilo musical, minibar, caja	fuerte y aire acondicionado, salón de TV. Salas de conferencia y auditorio. Bar, cafetería, pub, restaurante internacional y garaje.

Hotel Pirineos **

Situado en el Casco antiguo a 250 metros de la playa. Habitaciones dobles con lavabo, ducha y w.c., teléfono y terraza. Bar, restaurante, sala de TV y calefacción. Ambiente familiar. Servicio comedor: servido en mesa. Camas extra para niños.

C

Somos una pareja. Queremos estar cerca de la playa pero no queremos nadar en el mar. Preferimos una piscina. También queremos hacer actividades organizadas.

A

Soy un hombre de negocios y necesito un hotel en el centro con muchos servicios. Busco un hotel donde poder organizar una conferencia para mi compañía.

B

Somos una familia. Queremos estar cerca de la playa. Tenemos dos niños pequeños. Queremos un hotel sencillo y no muy caro. ¿Pueden dormir los niños en la misma habitación?

3 Escribir

Escribe un e-mail a un hotel para reservar habitaciones con los datos siguientes.

Quieres:
- 2 habitaciones: 1 doble y 1 sencilla
- 2 adultos + 1 niño
- baño completo
- media pensión: cena
- 7 noches: 28/1 a 3/2

Preguntas

Habitación: ¿Televisión? ¿Frigorífico? ¿Aire acondicionado?

Hotel: ¿Jardín? ¿Piscina? ¿Parque infantil?

5

¿Qué haces?

Secciones A y B *Actividades*

1 Une las palabras y frases de la lista A con las de las listas B y C para escribir frases completas.

Lista A	Lista B	Lista C
Juan	come	libros
Yo	trabaja	en un hospital
Tú	comes	en casa
Marta	escuchas	mucha música
Tú	compro	en una fábrica
Yo	vive	en la calle Mayor
Ella	escucho	alemán
Tú	bebe	cerveza
Yo	trabajas	en el restaurante
Luis	estudio	música clásica

2 Lee la información del cuadro y escribe un párrafo sobre tu vida diaria y la vida de Pepe. Empieza: Pepe vive en Madrid …

	Pepe	Tú
vivir	Madrid	Barcelona
trabajar	fábrica	oficina
estudiar (por las tardes)	inglés	español
comer	casa	restaurante
escuchar música	rock	clásica
comprar	libros de aventuras	revistas de viajes

3 ¿Qué hora es?

Madrid

En Madrid son las cinco de la tarde.

1 En México son siete horas antes.
   <u>Son las diez de la mañana.</u>

2 En Uruguay son cuatro horas antes.
   <u>Es la una de la tarde</u>

3 En Pakistán son tres horas después.
   <u>Son las ocho de la noche</u>

4 En Filipinas son siete horas después.
   <u>Son las media de noche</u>

5 En Perú son seis horas antes.
   <u>Son las once de la mañana</u>

6 En California son ocho horas antes.
   <u>Son las nueve de la mañana.</u>

7 En Inglaterra es una hora antes.
   <u>Son las cuanto de la tarde</u>

8 En Japón son nueve horas más tarde.

   ....

Secciones A y B *Gramática*

¡Atención!

Verbos regulares		–ar	–er	–ir
	yo	–o	–o	–o
	tú	–as	–es	–es
	él/ella/usted	–a	–e	–e

Hacer: irregular en la 1ª persona: **hago**
regular en las demás: **haces**
hace

por la mañana / a las ocho de la mañana

Ejercicios

1 Completa el crucigrama con verbos del cuadro.

comer	vivir	trabajar
estudiar	comprar	escuchar

Horizontal

3 ¿(Tú) .... en la universidad?
4 Juan .... patatas fritas.
5 ¿Qué .... (tú) en el restaurante?
6 (Yo) .... en un apartamento.
7 (Yo) .... en una oficina.

Vertical

1 ¿Dónde .... (tú)?
2 (Yo) .... música pop.
3 Mi padre .... música clásica.
4 Mi madre .... la comida en el supermercado.

2 Escribe las horas en palabras y frases completas.

1 5.45 Son las seis menos cuarto.
2 7.50 ....
3 10.25 ....
4 1.15 ....
5 9.30 ....
6 6.35 ....
7 3.40 ....
8 5.50 ....
9 2.55 ....

3 Lee y escribe las horas.

1 Son las ocho y diez de la mañana. 08.10
2 Son las siete y cuarto de la tarde.
3 Son las cinco y media de la mañana.
4 Son las dos y veinticinco de la tarde.
5 Son las once y diez de la noche.
6 Son las diez menos cuarto de la mañana.
7 Son las cuatro y cuarto de la tarde.
8 Es la una menos veinticinco de la mañana.
9 Son las seis y veinte de la tarde.

4 Escribe los verbos en paréntesis en la forma correspondiente.

A ¿Y qué **1** .... (hacer) tú, Beatriz? ¿**2** .... (estudiar) o **3** .... (trabajar)?

B Por la mañana **4** .... (trabajar) y por la tarde **5** .... (estudiar) en una escuela de inglés.

A ¿A qué hora **6** .... (comer)?

B **7** .... (comer) a las dos y media.

A ¿**8** .... (comer) en casa?

B No, **9** .... (comer) en un restaurante, pero **10** .... (cenar) en casa.

A ¿Y en qué **11** .... (trabajar)?

B **12** .... (trabajar) en una oficina.

A ¿**13** .... (vivir) lejos de la oficina?

B Sí, **14** .... (vivir) muy lejos.

A ¿Qué **15** .... (hacer) por la noche?

B **16** .... (escuchar) música.

A ¿Y tu marido **17** .... (trabajar)?

B Sí, **18** .... (trabajar) en una oficina cerca de casa.

A ¿Y él **19** .... (comer) en casa?

B Sí, él **20** .... (comprar) la comida y **21** .... (comer) en casa con los niños.

Secciones A y B *Ampliación*

Otras actividades de la vida diaria.

Usa el diccionario si es necesario.

tomar el autobús	llegar al trabajo
entrar en la oficina	llamar por teléfono
escribir una carta	salir del trabajo
volver a casa	leer
ver la televisión	hablar con la familia

Sección C *Actividades*

1 ¿Qué haces todos los días?

Une las frases con los dibujos. Las frases son preguntas; escribe las respuestas (con las horas).

a   ¿A qué hora te despiertas?
   1......   Me despierto a las siete. ....

b   ¿A qué hora te acuestas?
   ....

c   ¿A qué hora desayunas?
   ....

d ¿A qué hora te levantas?

....

e ¿A qué hora ves la televisión?

....

f ¿A qué hora vas al trabajo?

....

g ¿A qué hora te duchas?

....

h ¿A qué hora lees?

....

i ¿A qué hora te vistes?

....

j ¿A qué hora sales de casa?

....

k ¿A qué hora comes?

....

l ¿A qué hora vuelves a casa?

....

2 ¿Qué haces en tu tiempo libre?

Busca en la sopa de letras las palabras para completar las frases.

A	N	M	Y	S	Q	L	J	P	M
A	C	M	D	M	V	E	O	H	E
X	Z	J	U	E	G	O	H	A	A
C	V	U	E	L	V	O	S	G	C
O	Q	L	M	E	B	A	Ñ	O	U
M	R	T	L	V	J	G	D	Y	E
P	F	W	F	A	G	O	P	O	S
R	L	K	J	N	J	S	Q	W	T
O	V	W	A	T	U	O	L	C	O
P	A	D	V	O	Y	G	P	G	W

1 *Juego* .... al tenis.

2 .... un libro.

3 .... pronto.

4 .... al teatro.

5 .... la televisión.

6 .... tarde.

7 .... en la piscina.

8 .... ropa.

9 .... a casa a las once.

10 .... deporte.

3 Pon las frases en el orden correcto.

1 ¿hora levantas a te qué?

2 las casa a yo de salgo siete

3 televisión veo la las a diez

4 media a trabajo mi a las voy ocho y

5 acuesto once a me las media y

6 amigos con salgo mis la por tarde

7 un como mi en con restaurante familia

8 casa vuelvo ocho a a las

Sección C *Gramática*

¡Atención!

Verbos reflexivos (formas del singular): **me** levanto, **te** lavas, **se** acuesta

Pronombres reflexivos (singular): me, te, se

Verbos irregulares:	salir	volver	hacer	ir
(yo)	salgo	vuelvo	hago	voy
(tú)	sales	vuelves	haces	vas
(él, ella, usted)	sale	vuelve	hace	va

Ejercicios

1 Escribe el pronombre reflexivo (**me**, **te** o **se**) correspondiente en cada frase.

1 Me .... levanto a las ocho.

2 Juan .... acuesta a las diez.

3 ¿A qué hora .... acuestas?

4 ¿Cuándo .... levantas?

5 .... lavo el pelo todos los días.

6 ¿.................. duchas o .... bañas?

7 Yo .... ducho.

8 María .... peina.

9 ¿.................. vistes para la fiesta?

10 No, no .... visto para la fiesta.

2 Completa los verbos. Usa la primera persona (**yo**).

Me **1** despierto a las seis y media, pero me **2** l.................. a las siete. **3** V.................. directamente a la ducha y me **4** d.................. con agua fría. Entonces me **5** v.................., me **6** l.................. los dientes y me **7** p.................. . No **8** d.................. en casa. **9** S.................. de casa a las ocho menos cuarto, **10** t.................. el autobús y **11** ll.................. al centro a las ocho y cuarto. **12** C.................. el periódico y **13** v.................. a una cafetería. **14** D.................. un café con leche y tostadas y **15** l.................. el periódico. **16** E.................. a la oficina a las nueve. **17** T.................. toda la mañana, pero a las once **18** t.................. otro café. A las dos y media **19** c.................. Normalmente **20** c.................. en el comedor de la empresa. Entonces **21** v.................. al trabajo hasta las cuatro. **22** S.................. de la oficina a las siete y **23** v.................. a casa. En casa **24** l.................. y **25** e.................. e-mails, **26** c.................., **27** v.................. la televisión y me **28** a.................. a las once.

3 Lee la Actividad 2 y escribe los verbos en tercera persona (**él**). Empieza: *Juan se despierta ...*

Sección C *Ampliación*

Actividades de tiempo libre y deportes.

Usa el diccionario si es necesario.

jugar al fútbol	cantar
tocar el piano	patinar
pintar	jugar al baloncesto
jugar a las cartas	hacer fotografía
coleccionar	visitar galerías de arte
hacer montañismo	hacer ejercicio

Sección D *Actividades*

1 Pon las cualidades y defectos en parejas.

Cualidad	Defecto
sensible	insensible
....	....
....	....
....	....
....	....
....	....
....	....
....	....
....	....
....	....

perezoso	tranquilo	responsable
mentiroso	abierto	tonto
simpático	irresponsable	débil
nervioso	~~sensible~~	fuerte
~~insensible~~	pesimista	antipático
tímido	sincero	trabajador
optimista	inteligente	

2 **a** Lee la carta de Sara.
   b Escribe la carta de Luis que es opuesto a Sara.

> Querido amigo:
> Voy a decirte cómo es mi personalidad. Soy tranquila y simpática. Soy fuerte y abierta. También soy pesimista y perezosa.
> Sara

> Querido amigo:
> Voy a decirte cómo es mi personalidad. Soy nervioso y **1** .... Soy **2** .... y **3** .... También soy **4** .... y **5** ....
> Luis

3 Elige varios adjetivos y describe tu personalidad y la personalidad de un(a) amigo/a.

Sección D *Gramática*

¡Atención!

Adjetivos

Masculino	Femenino
—o	—a
—e	—e
—r	—ra
—consonante	—consonante

Ejercicios

1 Une la primera parte de la palabra (lista A) con la terminación correspondiente (lista B).

A		B
1	sinc-	able
2	intelig-	do
3	respons-	dor
4	simpát-	ente
5	trabaja-	ero
6	nervi-	ible
7	tími-	ico
8	fuer-	ilo
9	optim-	ista
10	tranqu-	oso
11	sens-	te

2 Forma frases completas con los adjetivos de Actividad 1 de esta sección. Después escribe las frases en plural.

Ejemplo: Él es sincero. ➜ Ellos son sinceros.

3 Ahora pon los mismos adjetivos de la actividad anterior en femenino.

Ejemplo: Ella es sincera. ➜ Ellas son sinceras.

Sección D *Ampliación*

Lee los nombres que expresan cualidades y defectos.

¿A qué adjetivo se refieren?

Busca en el diccionario si es necesario.

1	la pereza	2	la mentira
3	la tolerancia	4	la envidia
5	la lealtad	6	el egoísmo
7	la alegría	8	la confianza
9	la tristeza	10	la simpatía
11	la sinceridad	12	la responsabilidad
13	la generosidad	14	la tranquilidad
15	el optimismo		

Repaso de toda la lección

1 Más gramática

Ver página 49 en Lección 7.

2 Leer

Lee tu personalidad y tu profesión ideal en el horóscopo en la página 37.

¿Las personas de qué signo (o signos) …

1 no son débiles?

2 son buenos militares?

3 no son perezosos?

4 trabajan en un hospital?

5 escriben en su trabajo?

6 son buenos directores?

7 tocan un instrumento?

8 inventan cosas?

- Las personas Aries son fuertes y serias. Los trabajos más adecuados son soldado o ingeniero.
- Los Tauro son responsables, trabajadores y los trabajos más adecuados, entre otros, son músico y jardinero.
- Los Géminis normalmente son inteligentes y divertidos y entre ellos hay muchos periodistas y escritores.
- Las personas Cáncer son familiares y sensibles y los trabajos adecuados para ellas son enfermero y pescador entre otros.
- Los Leo son muy optimistas y dominantes. Trabajan como empresario o actor.
- Por otra parte los Virgo son tímidos y amables. Las profesiones más adecuadas para ellos son profesor y secretario.

- Las personas Libra son un poco perezosas pero simpáticas y entre ellas hay muchos artistas y peluqueros.
- Los Escorpio son apasionados y a veces crueles. Los trabajos más adecuados para ellos son médico y arquitecto.
- Los Sagitario son abiertos y alegres. Los trabajos adecuados para ellos son astronauta o deportista.
- Entre las personas Capricornio, que son ambiciosas y metódicas, hay muchos políticos y directores de empresas.
- Los Acuario normalmente son agradables y generosos. Sus trabajos favoritos son inventor y presentador de televisión.
- Finalmente los Piscis son muy románticos pero nerviosos y tienen cualidades para ser bailarines o poetas.

3 Escribir

Estás de vacaciones con unos amigos en la playa. Escribe una carta a tu familia. Habla de …

a tus amigos (su personalidad, cualidades, defectos …)

b las actividades que haces todos los días: levantarte tarde, nadar, tomar el sol, pasear, cenar en restaurantes, tomar refrescos, jugar al tenis, etc.

6

¿Algo más?

Secciones A y B *Actividades*

1 Mira los dibujos. Escribe un diálogo para cada cosa. Escribe las cantidades y los precios en palabras.

Ejemplo:

A ¿Qué desea?

B Quiero tomates, por favor.

A ¿Cuántos quiere?

B Quiero medio kilo de tomates. ¿Cuánto es?

A Es un euro con veinte.

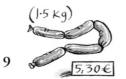

9 (1.5 kg) 5,30€   10 3,40€

11 3,25€

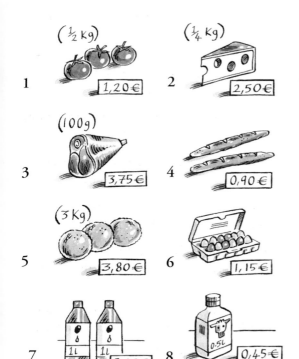

1 (½ kg) 1,20€   2 (¼ kg) 2,50€

3 (100g) 3,75€   4 0,90€

5 (3 kg) 3,80€   6 1,15€

7 1l 1l 8,60€   8 0,5l 0,45€

2 Completa el crucigrama.

Horizontal

2 Para la ensalada: aceite y ....

4 Un .... de leche/agua/zumo.

9 Una clase de carne.

10 Comes esto el día de tu cumpleaños.

11 El nombre general para cordero, lomo, ternera, etc.

12 El sitio donde haces las compras.

Vertical

1 Una .... de sardinas.

2 Lechuga, zanahoria, patata, judías, etc.

3 Un .... de patatas, por favor.

5 Una verdura: c ....

6 ¿Dónde compras las naranjas?

7 Su madre pone huevos.

8 Una fruta.

10 Comes esto con mantequilla.

3 Calcula los precios en euros y céntimos de los productos que tienes que poner en la cuenta.

El pan vale veinte céntimos menos que el agua mineral.

El pollo vale cinco euros cuarenta y cinco céntimos más que el pan.

Las manzanas valen tres treinta menos que el pollo.

Los plátanos valen uno veinticinco menos que las manzanas.

Las salchichas valen dos sesenta más que los plátanos.

El aceite vale noventa céntimos menos que las salchichas.

Las cebollas valen dos veinte menos que el aceite.

La trucha vale dos cincuenta más que las cebollas.

La leche vale dos setenta menos que la trucha.

El chocolate vale treinta céntimos más que la leche.

Producto	Precio
salchichas	
aceite	
plátanos	
cebollas	
pollo	
trucha	
pan	
leche	
agua mineral	0,90€ (noventa céntimos)
chocolate	
manzanas	

4 Encuentra la palabra extraña. Usa el diccionario si es necesario.

1 En una farmacia compras: aspirina, tiritas, pastillas, ~~aceite~~, pasta de dientes.

2 En un estanco hay: periódicos, revistas, medicinas, tarjetas postales, sellos.

3 En una papelería compras: sobres, lapiceros, plumas, azúcar, gomas.

4 En una droguería compras: jabón, detergente, libros, artículos de limpieza, lejía.

5 En una tienda de deportes hay: carpetas, zapatillas, chándals, raquetas, camisetas.

6 En una charcutería hay: peras, queso, jamón, salchichas, chorizo.

Secciones A y B *Gramática*

¡Atención!

el/la/los/las

cuánto/cuánta/cuántos/cuántas

Ejercicios

1 Pon el artículo correspondiente a cada palabra.

1 las .... naranjas

2 .... coliflor

3 .... lomo

4 .... sardinas

5 .... azúcar

6 .... pan

7 .... leche

8 .... pasteles

9 .... paquete

10 .... huevos

2 Pregunta la cantidad. Usa **cuánto/a/os/as**.

1 Quiero manzanas.   ¿ Cuántas quiere ?

2 Quiero leche.   ¿ .... ?

3 Deme huevos.   ¿ .... ?

4 Quiero mantequilla.   ¿ .... ?

5 Deme vino.   ¿ .... ?

6 Quiero tomates.   ¿ .... ?

7 Deme azúcar.   ¿ .... ?

8 Quiero pan.   ¿ .... ?

9 Deme naranjas.   ¿ .... ?

10 Quiero pescado.   ¿ .... ?

11 Deme patatas.   ¿ .... ?

Secciones A y B *Ampliación*

Más comidas y bebidas.

Usa el diccionario.

El pescado	**La carne**	**La fruta**
la merluza	la ternera	las uvas
los mejillones	el pavo	las mandarinas
el salmón	el lomo	la sandía

La verdura
el pimiento
el aguacate
la berenjena

Secciones C, D y E *Actividades*

1 Une las letras de la lista A con las de la lista B para formar palabras.

	Lista A	Lista B
1	cha	bata
2	zapa	misa
3	cin	da
4	ca	dias
5	cami	fanda
6	abri	go
7	blu	lo
8	bu	queta
9	cor	rra
10	fal	sa
11	go	seta
12	calce	tes
13	ves	tido
14	guan	tines
15	me	tos
16	pañue	turón

2 Pon en orden el diálogo en la tienda de ropa.

a ¿Dónde está el probador?

b ¿Cuál es su talla?

c ¿Tiene esta camisa en color azul?

d La cuarenta y cuatro.

e Está al fondo, a la izquierda.

f Sí, claro. Pase al probador.

g ¿Qué desea?

h Sí, aquí tiene la camisa azul.

i ¡Qué cara!

j Sí, quiero ésta. ¿Cuánto es?

k Ésta es la cuarenta y dos.

l ¿Puedo probármela?

m Es muy grande. Quiero una talla más pequeña.

n ¿Qué tal le va?

o Son sesenta y cinco euros.

3 Escribes un e-mail a una amiga y le mandas una foto de tus amigos.

Escribe el nombre de cada amigo en el dibujo correspondiente.

1   ~~Quico~~ Chus 2 ..~~Quico~~......
3   ~~Quico~~ Javier 4 ..~~Marta~~.....
5   .Moncho..

Querida Maria:
Te mando una foto de mis amigos,
Quico, Moncho, Javier, Marta y Chus.
Son muy simpáticos. Moncho es el chico
alto que lleva gafas de sol, es rubio y
un poco gordo; lleva un traje gris. Quico
es el hermano de Moncho, pero es muy
diferente; también es alto, pero
es delgado con el pelo corto y moreno
y lleva gafas. En la foto lleva pantalón
negro y una camisa blanca. Javier es
muy moreno con el pelo corto. Lleva un
jersey negro y pantalones blancos.
Marta es mi mejor amiga. Es alta,
delgada y rubia, con el pelo largo. Es
muy guapa. Lleva una chaqueta blanca
y una falda negra. Nuestra amiga Chus
es muy parecida a Marta, pero tiene el
pelo moreno y corto. Lleva una
chaqueta negra y un vestido blanco.

4 Escribe frases completas. Utiliza las expresiones siguientes.

1   abrir/11.30/el museo

El museo abre a las once y media.

2   abrir/9.30/el banco

....

3   cerrar/7.30/las tiendas

....

4   empezar/5.30/la película

....

5   abrir/1.30/las discotecas

....

6   terminar/13.30/la clase de español

....

7   empezar/9.30/las fiestas

....

8   terminar/10.30/las clases

....

9   cerrar/7.15/el museo

....

Secciones C, D y E *Gramática*

¡Atención!

Adjetivos demostrativos: este/esta/estos/estas

Adjetivos calificativos

número	singular: grande	plural: grandes
género	masculino: blanco	femenino: blanca

verbos: –e ➡ –ie (en singular)

cerrar ➡ cierra; empezar ➡ empieza; querer ➡ quiere; preferir ➡ prefiere; tener ➡ tiene (pero ¡atención!: tengo)

Ejercicios

1 Escribe en los espacios en blanco el adjetivo correspondiente.

1   Esta.... chaqueta es grande.

2   .... abrigo es bonito.

3   .... talla es muy grande.

4   .... tiendas son muy buenas.

5   .... chicos son altos.

6   .... vestido es verde.

7   .... camisas son blancas.

8   .... zapatos son pequeños.

9   .... chica es rubia.

10   .... chicas son muy delgadas.

11   .... jersey es azul.

2 Pon los adjetivos en paréntesis en la forma correcta.

1   La falda es   ➡   La falda es blanca.
     (blanco)

2   Los chicos son   ➡   ....
     (moreno)

3   Las chicas son   ➡   ....
     (rubio)

4   El pantalón es   ➡   ....
     (blanco)

5   Los zapatos   ➡   ....
     son (negro)

6   La camisa es   ➡   ....
     (amarillo)

7   El vestido es   ➡   ....
     (liso)

8   Los calcetines   ➡   ....
     son (negro)

9   El abrigo es   ➡   ....
     (gris)

10   Las chaquetas   ➡   ....
     son (gris)

11   La blusa es   ➡   ....
     (bonito)

12   La falda es   ➡   ....
     (caro)

3 Escribe los verbos en la forma correcta.

1   El concierto .... (empezar) a las cinco.

2   ¿................. (querer) tú un café?

3   Yo .... (preferir) la falda negra.

4   ¿A qué hora .... (cerrar) la tienda?

5   Yo .... (empezar) a trabajar a las nueve.

6   Juan .... (querer) la chaqueta azul.

7   María .... (tener) un vestido blanco.

8   Y tú, ¿................. (tener) un mapa de la region?

9   Yo .... (cerrar) la tienda a las ocho.

10 ¿A qué hora .... (empezar) tú a trabajar?

Secciones C, D y E *Ampliación*

Las tiendas, la ropa y vocabulario de descripción.

Usa el diccionario si es necesario.

El pantalón es	caro / barato.
Pago con	la tarjeta de crédito / en efectivo / con dinero.
El vestido es	liso / estampado / de rayas / de flores.
Otras ropas	el sombrero / la gorra / el chaquetón / la blusa / el pantalón corto / la camisa de manga corta / las medias.
Mi pelo es	liso / rizado.

Repaso de toda la lección

1 Más gramática

Ver página 49 en Lección 7.

2 Leer

Lee el directorio de estos grandes almacenes y di en qué planta compras estas cosas (página 44).

DIRECTORIO

6ª

DECORACIÓN: MUEBLES, LÁMPARAS, OBJETOS PARA LA CASA

alfombras, tapicería, cortinas, papeles pintados, camas, mesas, toallas, cojines, mantelerías, colchones, almohadas, cuadros

5ª

HOGAR-MENAJE

cocinas, electrodomésticos, plantas, automóvil, limpieza, ferretería, baño, jardín, baterías de cocina, cristal y porcelana

4ª

JUVENTUD, DEPORTES

lencería, corsetería, confección, punto, pantalones, camisería, faldas y blusas, ropa interior, sport, caza y pesca, golf, tenis, camping, gimnasia, atletismo, zapatería montaña

3ª

NIÑOS, NIÑAS. BEBÉS, JUGUETES, TEJIDOS

boutique de tejidos, confección, punto, camisería, lencería, ropa interior, complementos, pantalones, colegios, niños y niñas de 4 a 10 años, chicos y chicas de 11 a 14 años, zapatería infantil

2ª

CABALLEROS

boutique caballeros, confección, abrigos, baño, americanas, pantalones, ropa interior, punto, ante y piel, camisería, viaje, agencia de viaje, peluquería de caballeros, zapatería

1ª

SEÑORAS, ZAPATERÍAS

uniformes, confección, tallas especiales, abrigos, baño, pantalones, punto, ropa interior, futura mamá, sport, faldas y blusas, lencería, corsetería, batas, ante y piel, joyería y bisutería, perfumería, peluquería señoras

Ba

AUDIO-VISUAL, INFORMÁTICA

televisores, ordenadores, hi-fi, CDs, DVDs, vídeo-juegos, calculadoras, relojes, vídeos, música, instrumentos, lectura

So

SUPERMERCADO

carnicería, charcutería, lácteos, pescados y mariscos, alimentos congelados, frutas y verduras, platos preparados, pastelería, vinos y licores, panadería

1 Unos pantalones para mi hermano de trece años.
2 Una camisa para mi padre.
3 Una raqueta.
4 Un cuchillo.
5 Unos zapatos para mi mujer.
6 Un collar.
7 Una revista.
8 Una botella de aceite.
9 Ropa para un bebé de tres meses.
10 Una cafetera para la cocina.

3 Escribir

Lee el directorio y piensa diez regalos que quieres comprar para tu familia y amigos. Escribe diez frases.

Ejemplo: Quiero comprar un cuadro para mi madre en la sección de Decoración que está en la planta sexta.

7

Repaso

Sección A *Más actividades*

1 Estas personas son de la capital de su país. Completa las frases. (Lección 1)

Bogotá	Montevideo	Managua
Santiago	Quito	Lima
La Habana	Asunción	Buenos Aires

1 Soy argentino, soy de Buenos Aires.
2 Soy paraguayo, soy de ....
3 Soy cubano, soy de ....
4 Soy peruana, soy de ....
5 Soy nicaragüense, soy de ....
6 Soy chilena, soy de ....
7 Soy colombiano, soy de ....
8 Soy ecuatoriana, soy de ....
9 Soy uruguayo, soy de ....

2 Lee los ingredientes de estas tres recetas. Marca dos ingredientes que no son correctos. (Lección 2)

1 Flan: leche, huevos, queso, aceite, azúcar, pimienta, caramelo
2 Tortilla de patata: huevos, patatas, azúcar, aceite de oliva, lechuga, cebolla, sal
3 Paella: arroz, pescado, mantequilla, pollo, sal, aceite, naranja

3 Escribe una postal a tu amigo con los siguientes datos. (Lección 3)

Querido amigo:
Yo/en Villanúa/de vacaciones.
Villanúa/norte/España.
Pueblo pequeño/bonito/en la montaña.
Lejos/Madrid/450 kilómetros. Villanúa/
dos mil habitantes. Mi hotel/Calle
Mayor/izquierda/al lado estación.
Plaza Pirineos/iglesia interesante/
derecha/museo.
Un abrazo:

4 En esta carta Pedro describe su piso en la ciudad y su apartamento en la playa. Dibuja los planos de cada uno y escribe los nombres de las habitaciones en los lugares correspondientes. (Lección 4)

Querida Ana:
Éstos son los planos de mi piso en la
ciudad y el apartamento en la playa. Los
dos son bastante grandes. Entras en el
piso y a la derecha está mi dormitorio.
Al lado está el dormitorio de mis padres
y enfrente de su dormitorio está el
salón. El comedor está al lado del salón,
enfrente de mi dormitorio. La cocina
está al fondo del pasillo, a la derecha y
el cuarto de baño está a la izquierda.
Entras en el apartamento de la playa y
a la izquierda está el dormitorio de mis
padres. Al lado está el salón. Enfrente
del dormitorio de mis padres está mi
dormitorio y al lado de mi dormitorio
está el comedor. Al fondo está el baño a
la izquierda. La cocina está al fondo a
la derecha. ¿Quieres venir a visitarme?
Te invito.
Un abrazo: Pedro

5 Escribe el diálogo entre dos amigas: Marisa hace preguntas a Isabel. Usa las claves. (Lección 5)

MARISA: ¿hora / levantarse?

ISABEL: 07:00

MARISA: ¿hacer / todos los días?

ISABEL: ir universidad / estudiar mañanas / comer universidad / trabajar tardes / volver casa

MARISA: ¿hacer / tardes?

ISABEL: leer revistas / ver TV

MARISA: ¿hora / acostarse?

ISABEL: 23:30

MARISA: ¿hacer los fines de semana?

ISABEL: Sábados: comprar / salir amigos / cenar restaurante / ir cine / bailar / acostarse tarde
Domingos: levantarse tarde / dormir hasta las doce / jugar fútbol / comer casa / descansar

6 Encuentra la palabra extraña en cada frase y escribe la palabra que corresponde del cuadro en su lugar. (Lección 6)

flores	número	pelo
pendiente	blancos	marrones
~~ojos~~ jersey	gorra	camisa

1 Carlos tiene pelo moreno y ~~pies~~ azules.
ojos ....

2 Ana tiene ojos rubios y pelo negro. ....

3 Isabel tiene bigote largo y lleva un vestido azul. ....

4 Rosa lleva un anillo en la oreja y unos zapatos negros. ....

5 Pedro lleva una sandalia en el pelo y un abrigo verde. ....

6 Fernando lleva falda blanca y jersey rojo. ....

7 Juan tiene dientes muy dorados y lleva un sombrero grande. ....

8 Pepe lleva zapatos de talla 42 y un pendiente en la oreja. ....

9 Elena lleva pantalones negros y un pollo amarillo. ....

10 Felipe lleva una camisa de papel y un abrigo largo. ....

7 Termina las frases con la palabra correspondiente del cuadro.

abuela	cuñada	divorciado
hermanastro	hijastra	jubilado
menor	novio	sobrina
soltera	soltero	viudo

1 No tengo marido, estoy ....

2 La mujer de mi hermano es mi ....

3 No es mi marido, no estamos casados. Es mi ....

4 Su mujer está muerta, es ....

5 No estoy casado ni divorciado, estoy ....

6 No vivo con mi mujer, estoy ....

7 No trabajo porque soy mayor, estoy ....

8 La madre de mi madre es mi ....

9 Es la hija de mi marido, pero no es mi hija, es mi ....

10 Es hijo de mi madre, pero no de mi padre, es mi ....

11 Ana es la hija de mi hermano, es mi ....

12 Tengo un hermano mayor y una hermana ....

8 Completa las frases con las palabras del cuadro.

carnet	gasolina	motor
lleno	mecánico	alquilar
autopista	avería	
taller	grúa	

1 Quiero .... un coche para una semana.

2 Prefiero ir por la ...., es mucho más rápido.

3 No puedo conducir, no tengo el .... de conducir.

4 El coche no funciona, tiene una .... y tengo que ir al .... de reparaciones.

5 Mi hermano es ...., repara coches.

6 Quiero .... sin plomo. Quiero el depósito ....

7 El .... no funciona y estoy en la carretera. ¿Puede venir la ....?

9 Escribe las preguntas. Usa la forma **tú**.

1 ¿A qué hora comes?
   A las dos.

2 ....
   369 4521.

3 ....
   Soy dependienta.

4 ....
   En Londres.

5 ....
   De Londres.

6 ....
   En la calle Naranjo.

7 ....
   Me llamo Juan.

8 ....
   Empiezo mi trabajo a las nueve de la mañana.

9 ....
   Me acuesto a las once de la noche.

10 ....
   En una oficina.

11 ....
   Veinticuatro años.

12 ....
   En mi tiempo libre leo y escucho música.

13 ....
   El domingo voy al fútbol.

14 ....
   Me levanto a las siete y media de la mañana.

10 Ahora escribe las preguntas de la Actividad 9 en la forma **usted**.

Sección B *Más gramática*

1 Transforma el diálogo de **tú** a **usted**. (Lección 1)

A Hola, ¿qué tal? ¿Te llamas Pedro González?

B Hola. Sí, me llamo Pedro González. ¿Y tú? ¿Cómo te llamas?

A Luis Martínez. ¿Qué tal? ¿Eres ingeniero, Pedro?

B Sí, soy ingeniero. ¿Y tú, qué eres, Luis?

A Soy arquitecto. ¿De dónde eres tú?

B Soy de Barcelona, ¿y tú?

A Soy de Madrid.

2 Pon los verbos en infinitivo en la forma correcta. (Lección 2)

1 Yo .... (vivir) en Sevilla.

2 Yo .... (tener) treinta años.

3 María no .... (querer) café.

4 ¿Cómo se .... (escribir) tu nombre?

5 ¿ .... (haber) calamares?

6 ¿Y tú? ¿Cuántos años .... (tener)?

7 ¿Cómo se .... (llamar) tu padre?

8 ¿De dónde .... (ser) tú?

9 ¿ .... (vivir) Juan en Barcelona?

10 Yo .... (ser) de Málaga.

3 Completa los espacios en blanco con el verbo correspondiente. Usa los verbos del cuadro en la forma correcta. (Lecciones 3 y 4)

estar	ser	tener	haber (hay)

A ¿Cómo 1 .... tu nuevo piso?

B 2 .... pequeño y cómodo, pero 3 .... antiguo.

A ¿Dónde 4 .... ?

B 5 .... en el centro de la ciudad.

A Pero, ¿6 .... en una zona tranquila?

B Sí, la zona 7 .... tranquila.

A ¿Qué piso 8 .... ?

B 9 .... el tercero.

A ¿Cuántas habitaciones 10 .... ?

B 11 .... tres dormitorios, dos

12 .... muy pequeños y uno

13 .... grande. También

14 .... un salón, la cocina y un baño. También 15 .... una terraza, 16 .... en el salón.

A ¿Y cómo 17 .... ?

B 18 .... limpio y ordenado, pero no 19 .... muebles.

4 Completa las frases con la forma correcta de los verbos. (Lecciones 5 y 6)

1 A ¿Qué .... (desayunar), Ana?

   B Yo .... (desayunar) café con leche y galletas.

2 A Y vosotros, ¿adónde .... (ir) esta tarde?

   B Nosotros .... (ir) al cine esta tarde.

3 A Juan, ¿cuándo .... (salir) de la oficina?

   B Yo .... (salir) de la oficina a las siete.

4 A ¿Cuándo .... (volver) tus padres de su viaje?

   B Mi padre .... (volver) mañana y mi madre (volver) el lunes.

5 A ¿Qué libros .... (leer) vosotros en clase?

   B Nosotros .... (leer) libros españoles.

6 A ¿Qué programas de televisión .... (ver) tú?

   B Yo .... (ver) programas informativos.

7 **A** ¿A qué hora .... (empezar)
       a trabajar tus hermanos?

   B Mis hermanos ....
       (empezar) a trabajar a las once.

8 **A** ¿Cuándo se .... (acostar)
       Luis?

   B Luis se .... (acostar) muy
       tarde.

5 Escribe las preguntas para estas respuestas.
    (Lecciones 5 y 6)

1 ....
   Vivo en España.

2 ....
   Soy profesora.

3 ....
   Juan empieza a trabajar a las nueve.

4 ....
   Quiero vino tinto, por favor.

5 ....
   María vuelve a casa a las siete de la tarde.

6 ....
   Tengo 37 años.

7 ....
   Hago los deberes de español los lunes por
   la tarde.

8 ....
   Me levanto a las siete y media.

9 ....
   La tienda cierra a las ocho.

10 ....
   Juan sale de casa a las nueve.

6 Escribe los números en cifras.
    (Lecciones 4 y 6)

1 dos mil setecientos noventa y siete
   ....

2 ochocientos setenta y cinco ....

3 cinco mil cuatrocientos ochenta y dos
   ....

4 siete mil sesenta y uno ....

5 cuatro mil quinientos ochenta y tres
   ....

6 nueve mil trescientos trece ....

7 cinco mil doscientos once ....

8 mil setecientos sesenta y seis ....

9 diez mil cuarenta y dos ....

10 seis mil cincuenta y cuatro ....

Sección C *Leer*

1 **Escuela de Músicos Prodigio**

   a Lee la introducción del artículo sobre
       la escuela. ¿Qué hacen los niños en un
       día típico? ¿Qué opinas? Pon las
       actividades en orden.

   • comida   • juegos

   • desayuno   • cena

   • concierto   • limpieza

   • práctica   • trabajo en el jardín

   • clase

   Ejemplo:

   Por la mañana   Por la tarde   Por la noche
   desayuno

b Lee el artículo y comprueba tus respuestas.

La fundación Yehudi Menuhin
ESCUELA DE MÚSICOS PRODIGIO

En las proximidades de Londres, en el condado de Surrey, 48 niños, de edades comprendidas entre los ocho y los catorce años, viven intensamente dedicados a la música. Su talento de niños prodigio les ha abierto las puertas de la fundación Yehudi Menuhin, creada en 1963 por el violinista para explotar al máximo las facultades de los niños que apuntan un gran futuro en el terreno de la interpretación musical.

Los alumnos empiezan la jornada temprano. A las 6.30 tienen práctica. Luego desayunan. Hacen la limpieza de sus habitaciones y ayudan en los trabajos del jardín. A las 8.30 hay una asamblea. Se lee algo, no necesariamente religioso, y se medita en silencio cinco minutos. El silencio es muy importante. Para un músico es quizá más importante que para los demás. Los niños aprenden a estar silenciosos dentro de estas sesiones de silencio. Luego van las clases, unas detrás de otras, alternando la música y las materias académicas propias de la edad. Comen a la una de la tarde. Juegan un rato. Luego practican. Por la noche, después de cenar, se reúne la orquesta y toca algún concierto.

2 **a** Escribe tu nombre.
Escribe tres o cuatro cualidades y / o defectos que describen tu carácter.
Busca la primera letra de tu nombre en el artículo. ¿Qué cualidades y defectos tienes? ¿Son diferentes?

b Escribe tu nombre ideal. ¿Cuál es la primera letra?
Estudia las descripciones de carácter de esta letra.
¿Son similares?

c ¿Qué significan las demás cualidades?

Las personas son:

A inteligentes y creativas

B afectivas y prácticas

C joviales e impacientes

D fuertes y responsables

E comunicativas y sociables

F responsables y compasivas

G sensibles y místicas

H creadoras y ejecutivas

I obstinadas y trabajadoras

J fuertes y ambiciosas

K idealistas e intuitivas

L activas y generosas

M familiares

N imaginativas y artísticas

O pacientes

P sociables y dominantes

Q inteligentes y egoístas

R tolerantes y humanitarias

S fuertes y atractivas

T positivas

U atractivas y nerviosas

Su futuro y su carácter, en la primera letra de su nombre

La primera letra del nombre y la fecha y la hora de nacimiento tienen una repercusión importante en la forma de ser y en el destino de cada persona, y a través de ellas podemos llegar a conocer cómo somos nosotros y cómo son nuestros amigos.

V simpáticas y firmes

W perseverantes y persistentes

X sensuales y seductoras

Y libres y artísticas

Z armoniosas y altruistas

8

¿Qué te gusta?

Secciones A y B *Actividades*

1 Mira los dibujos y escribe frases.

1 ✔ Me gusta el queso.

2 ✔ ....

3 ✔ ....

4 ✔ ....

5 ✔ ....

6 ✘ No me gustan los tomates.

7 ✘ ....

8 ✘ ....

9 ✘ ....

10 ✘ ....

11 ✔ ....

12 ✔ ....

2 Contesta las preguntas. Usa **me gusta / me gustan** y **me encanta / me encantan**.

1 ¿Cuál es tu bebida favorita?

2 ¿Cuáles son tus comidas favoritas?

3 ¿Cuál es tu fruta favorita?

4 ¿Cuál es tu país favorito?

5 ¿Cuál es tu animal preferido?

6 ¿Qué medio de transporte te gusta?

7 ¿Cuál es tu lugar favorito?

8 ¿Cuál es tu actor favorito?

9 ¿Cuáles son tus deportes favoritos?

10 ¿Cuál es tu música favorita?

3 Unas personas buscan amigos. Lee sus anuncios y contesta las preguntas.

- Quiero conocer amigos españoles, mis aficiones son la lectura, la música y el fútbol. Fernando
- Tengo 22 años y soy modelo y actor. Hago cine y teatro en un grupo juvenil. Me encanta pintar y leer. Lázaro
- Soy una chica de 28 años y estoy separada, tengo una hija de tres años. Quiero tener amigos/as en situación similar. Carmen
- Busco amigos para intercambiar sellos y postales. José Antonio
- Joven de 21 años, amante de la aventura, de la música y de conocer a gente. Luis
- Quiero una sincera amistad con chicas de 25 a 30 años. Juan José

- Soy una chica mexicana de 14 años y me gustaría comunicarme en español con chicos y chicas de cualquier parte del mundo. Me encantan los gatos. Julieta
- Tengo 39 años y quiero encontrar amigos de toda España porque me encanta este país. Marta
- Quiero ponerme en contacto con personas de todo el mundo, puedo escribir en varios idiomas. Me gustan los deportes, especialmente la natación. Lola

¿A quién escribes si …

1   te gustan los animales?

2   te gusta la gente?

3   te gusta la música?

4   te gusta tener amigos de muchos países?

5   te gustan los libros?

6   te gusta el cine?

7   te gustan las lenguas?

8   te gusta la aventura?

9   te gustan los deportes en el agua?

10   te gusta el arte?

11   te gustan los niños?

12   te gustan las personas sinceras?

13   te gusta España?

Secciones A y B *Gramática*

¡Atención!

me, te, le, nos, os, les gusta/gustan

Me gusta el café.
Me gustan las patatas fritas.

me encanta / me encantan
me interesa / me interesan

Ejercicios

1 Completa las frases con **me gusta** o **me gustan**.

1   .... el vino tinto.

2   .... las fresas.

3   .... estudiar español.

4   .... los gatos.

5   No .... los ratones.

6   .... la ensalada de tomate.

7   No .... el té solo.

8   .... ir al cine.

9   .... las películas cómicas.

10   No .... ver la televisión.

2 Completa el diálogo. Usa **gustar**, **encantar** o **interesar** en la forma correcta.

JUAN   María, ¿qué comida **1** .... más?

MARÍA   **2** .... la paella, también

 3 .... mucho el pescado.

JUAN   ¿Y qué fruta **4** .... ?

MARÍA   **5** .... las manzanas, pero sobre todo **6** .... las fresas.

JUAN   ¿Qué bebidas **7** .... ?

MARÍA   **8** .... muchísimo los zumos de frutas, pero también **9** .... la leche, no **10** .... el café. Ah, y **11** .... el champán, es mi bebida favorita.

JUAN   ¿Qué libros **12** .... ?

MARÍA   **13** .... los libros románticos y de misterio, pero **14** .... las biografías, **15** .... mucho los políticos.

JUAN   ¿**16** .... ver la televisión?

MARÍA   No mucho, pero los programas
        documentales **17** .... , si
        son buenos.

3 Pon en orden las frases.

1   gusta la mucho me playa
2   las no gustan manzanas me
3   España le ir mucho gusta a
4   ¿las te discotecas gustan?
5   restaurantes comer le en gusta no
6   ¿gustan deportes los invierno te de?
7   de las gustan películas me terror
8   las discotecas me bailar en gusta no

Secciones A y B *Ampliación*

Instrumentos

Usa el diccionario si es necesario.

la batería	el teclado	la flauta
el violín	el saxofón	la guitarra
la trompeta	el piano	

Vocabulario para la diversión

Usa el diccionario.

cine	la entrada, la butaca, la sesión, el actor, la actriz, el director, la directora
teatro	la obra, el escenario, el actor, la actriz, el autor, la autora
televisión	el televisor, el programa, el documental, las noticias
juegos	(jugar a) las cartas, (jugar al) ajedrez, juegos de ordenador, vídeo-consola

Sección C *Actividades*

1 Lee estas opiniones de varias personas
sobre sus ciudades y clasifícalas en el
cuadro.

1   La gente es muy agradable.
2   Hay muchos árboles.
3   Hay demasiadas personas.
4   Hay pocos semáforos.
5   Hay mucho ruido.
6   Hay demasiados coches.
7   Hay pocas rampas para las sillas de
    ruedas.
8   Hay muchas flores y plantas.
9   Los autobuses tienen aire acondicionado.
10 Hay mucha contaminación.
11 Los coches van demasiado rápido.
12 No hay parques.
13 Hay un estadio de fútbol muy grande.
14 Hay pocas tiendas.
15 No hay lugares para practicar el deporte.
16 Las calles están sucias.
17 No hay muchos pasos de cebra.
18 Los autobuses son baratos.
19 Los bancos están rotos.
20 No hay piscina pública.

	puntos positivos	puntos negativos
medio ambiente		
habitantes	1	
tráfico		
transporte		
servicios		

2 Lee el folleto con información sobre Ciudad de México. Contesta las preguntas.

Ciudad de México es la capital del país de México y es una ciudad muy grande. En ella hay muchos lugares y monumentos interesantes para los turistas. Hay muchos cines, teatros, bares, cafeterías, discotecas, y también hay muchas tiendas. Hay varios museos y salas de arte, como el Museo Nacional de Antropología, con importantes objetos prehispánicos; también está el Museo de Arte Moderno y el Museo de Historia Nacional. El Museo Mural Diego Rivera es el museo del famoso pintor mexicano. Para el turista hay espectáculos culturales y de tradición popular, como las actuaciones del Ballet Folklórico de México en el palacio de Bellas Artes. La Ciudad de México tiene un gran número de lugares y monumentos de interés del gran imperio azteca. La Ciudad de México es muy grande. Viven aproximadamente 18 millones de personas en la ciudad y sus barrios. Hay muchos medios de transporte. Hay varios tipos de autobuses que se llaman "camiones" y "peseras". También hay taxis y metro. La música es muy popular en México. El Mariachi es un estilo de música muy popular en todo el país. Una fiesta muy importante es el Día de la Independencia, el 15 y el 16 de septiembre. Es una fiesta nacional.

1 ¿Cómo es Ciudad de México?

2 ¿Qué hay en el Museo Nacional de Antropología?

3 ¿Quién es Diego Rivera?

4 ¿Qué hay en el palacio de Bellas Artes?

5 ¿Qué tiene México de historia?

6 ¿Cuál es la población de Ciudad de México?

7 ¿Cómo se llaman los autobuses de Ciudad de México?

8 ¿Qué es el Mariachi?

9 ¿Cuándo es el Día de la Independencia?

10 ¿Qué tipo de fiesta es el Día de la Independencia?

3 Escribe un artículo similar sobre tu ciudad o una ciudad que te gusta.

Sección C *Gramática*

¡Atención!

me/te/le/nos/os/les + gusta/gustan

verbos: ser, estar, haber (hay), tener, gustar, encantar, cerrar

preposiciones: a, de, en, con, por

Ejercicios

1 Rellena los espacios en blanco de estos textos sobre Londres y París. Elige las palabras del cuadro.

cierran	encanta	encantan
es (x2)		
están (x2)	gusta (x2)	
gustan (x2)		
hay (x4)		
sobre		
son (x3)	tiene	

A Vivo en Londres. **1** ....._Es_......... muy grande, quizás demasiado grande, y viajar por la ciudad **2** ..._Es_......... difícil. Lo bueno de Londres **3** ..._Son_......... sus parques: **4** ...._Hay_........ mucho y **5** ....._hay_..... muchos. También **6** ....._hay_..... muchos teatros y **7** ...._Son_........ preciosos. Me **8** ....._gusta_.... ir al teatro en Londres. Pero las calles de Londres **9** ...._Son_........ muy sucias. No me **10** ...._gusta_..... la suciedad. Y las tiendas **11** ..._cierran_..... muy temprano.

B Vivo en París. Esta ciudad **1** ...._tiene_..... un río precioso y los puentes **2** .... el río **3** .... muy bonitos, pero no **4** ....._hay_...... muchos parques en el centro de la ciudad. Me **5** ._gusta_........ también la vida cosmopolita y me **6** ._encantan_.... las galerías de arte. Las calles **7** ...._tienen_.... llenas de gente y **8** ....._hay_..... mucho tráfico, no me **9** ..._gustan_..... los coches.

2 Elige el pronombre adecuado para cada persona: **Me, Te, Le, Nos, Os** o **Les.**

1 yo   Me gusta el café con leche.

2 ella   ....._le_........ gusta el vino.

3 nosotros   ...._nos_...... gusta la música.

4 ellas   ...._les_..... gustan los gatos.

5 tú   ...._te_........ gustan los plátanos.

6 vosotros   ...._os_........ gusta el cine.

7 yo   ...._me_....... gustan los animales.

8 él   ....._le_........ gustan las películas de misterio.

9 nosotras   .... gusta el teatro.

3 Pon la preposición correspondiente en los espacios en blanco. Elige las preposiciones: **a, de, en, con, por.**

1 Me gusta pasear ...._~~a~~ por_... el parque.

2 No me gusta trabajar ...._en_........ mi oficina.

3 Me encanta vivir ....._en_......... Barcelona.

4 Nos gusta ir ...._a_......... la playa.

5 Le gusta salir ....._con_...... los amigos.

6 Las tiendas ...._de_........ la ciudad cierran pronto.

7 Me gusta viajar ...._en_........ la ciudad ...._con_........ autobús.

8 La gente ....._~~a~~ de_. Madrid es muy simpática.

9 Salgo ...._de_......... la oficina muy tarde.

Sección C *Ampliación*

Más señales de tráfico.

Usa el diccionario si es necesario.

Prohibido adelantar	Encender los faros
Velocidad limitada	Peatones
Ceda el paso	Obras

Sección D *Actividades*

1 Lee lo que hacen María y su marido un día de trabajo y un sábado. Pon las actividades en la lista correpondiente.

Un lunes, día de trabajo	Un sábado, día de tiempo libre
	1

1   Desayunamos en casa tranquilamente.

2   Comemos en la cafetería rápidamente.

3   Salimos de paseo antes de comer.

4   Vamos de compras toda la tarde.

5   Vamos a la empresa todo el día.

6   Trabajamos hasta las siete.

7   Nos levantamos tarde.

8   Vemos una película en el cine.

9   Vemos la televisión por la mañana.

10   Tomamos solo un café porque no tenemos tiempo.

11   Cenamos en un restaurante.

12   Nos acostamos pronto.

13   Bailamos toda la noche.

14   Comemos en casa algo especial.

15   Leemos libros y periódicos hasta mediodía.

16   Hablamos por teléfono con los clientes.

17   Nos despertamos muy pronto.

18   Volvemos a casa y cenamos.

19   Vamos a la cama muy tarde.

2   Estás de vacaciones en Mallorca con tus amigos. Une las frases de la lista A con las de la lista B. Después escribe las frases en plural.

Ejemplo: 1m levantarse tarde ➜ Nos levantamos tarde.

Lista A		Lista B	
1	levantarse	a	a la playa
2	nadar	b	excursiones por la isla
3	ir	c	el autobús a la ciudad
4	tomar el sol	d	toda la noche
5	cenar	e	en el hotel por la noche
6	comer	f	por el pueblo
7	bailar	g	en la piscina
8	acostarse	h	en la playa
9	pasear	i	en los restaurantes típicos
10	comprar	j	los monumentos
11	tomar	k	muy tarde
12	visitar	l	ropa y regalos
13	hacer	m	tarde

3   Vas a una conferencia durante tres días. Lee el programa de actividades de la conferencia. Escribe una carta a tu amigo (con los verbos en plural).

08:00	desayuno	15:30	sesión plenaria
09:00	sesión plenaria	16:15	sesiones en grupo (A)
09:30	primera conferencia	17:00	descanso (refrescos)
11:00	café	17:30	sesiones en grupo (B)
11:30	reunión de grupos	19:00	descanso
12:30	segunda conferencia	21:00	cena
13:30	aperitivo	22:30	baile
14:00	comida		

Querido Luis:
La conferencia es muy interesante. Nos levantamos pronto porque a las ocho . . .

Sección D *Gramática*

¡Atención!

Presente plural: la 1ª y la 2ª personas del plural son siempre regulares: empezamos, cerráis

Infinitivos: ir, venir

gustar + infinitivo: **Me gusta** ir al cine.

Ejercicios

1 Transforma las frases. Usa **gustar**.

1 ¿Vas al teatro? ¿Te gusta ir al teatro?

2 Voy al cine. ¿Me gusta ir al cine?

3 Siempre compra en el mercado. ¿Te gusta siempre comprar en el mercado?

4 Tomamos un café por la tarde. Nos gusta tomar un café por la tarde?

5 ¿Salís los domingos por la tarde? ¿Os gusta salir los domingos por la tarde?

6 Comen en este restaurante. ¿Les gustan comer en este restaurante?

7 Nado en la piscina todos los días. ¿Me gusta nadar en la piscina todos los días?

8 Trabaja por la noche. ¿Le gusta trabajar por la noche?

9 ¿Leéis libros españoles? ¿Os gusta leer libros españoles?

10 Beben vino tinto. ¿Les gusta beber vino tinto?

11 ¿Estudias español? ¿Te gusta estudiar español?

2 Busca en la "Sopa de letras" diez verbos en plural (en la primera persona). Si necesitas ayuda, mira en el cuadro los infinitivos de los verbos que hay en la "Sopa".

salir	cenar	comer
ver	ir	estar
beber	leer	tener
vivir		

A	T	P	O	I	C	K	G	A	H
B	E	B	E	M	O	S	U	H	I
N	N	A	V	E	M	O	S	Z	B
Y	E	D	A	E	E	S	T	L	V
E	M	Q	M	F	M	R	J	E	I
X	O	D	O	J	O	L	K	E	V
M	S	W	S	M	S	V	F	M	I
E	S	T	A	M	O	S	L	O	M
T	R	C	E	N	A	M	O	S	O
B	C	C	S	A	L	I	M	O	S

3 Pon las frases en plural.

1 Yo voy al cine.
Nosotros vamos al cine.

2 ¿Vas mucho al teatro?
¿Vosotros vais mucho al teatro?

3 Lees muchos libros.
Vosotros leéis muchos libros.

4 Salgo mucho.
Nosotros salimos mucho.

5 Baila todos los sábados.
Ellos bailan todos los sábados.

6 Vivo en un apartamento.
Nosotros vivimos en un apartamento.

7 ¿Vas al centro?
¿Vosotros vais al centro?

8   Tiene tres gatos.

Ellen tienen tres gatas

9   Como en el mismo restaurante.

Nosotros comemos en el mismo

10   Siempre bebe agua.

Ellen siempre bebe agua

11   Trabajo mucho.

Nosotros trabajamos mucho

Sección D   *Ampliación*

Vocabulario deportivo.

Usa el diccionario si es necesario.

la portería	el equipo	la raqueta
el casco	el jugador	el palo
la bicicleta	el bañador	la canasta
el impermeable	la pelota	el balón
la pista		

Repaso de toda la lección

1   Más gramática

Ver página 111 en Lección 14.

2   Leer
Lee estos textos sobre cómo gastan su dinero estas personas. Une los textos con las categorías correctas.
Nota: Hay más de una persona por cada categoría.

a   comer en un restaurante

b   revistas y libros

c   el jardín

d   discos y conciertos de música

e   las discotecas

f   la ropa

g   los deportes

h   viajar

i   salir, tomar copas

j   el coche

1   Javier
Me gusta mucho viajar por los países exóticos. Me gusta mucho el Caribe, sobre todo Santo Domingo y Cuba. También hago mucho deporte. Gasto mucho dinero en el equipo para esquiar, y jugar al tenis. También hago ciclismo y me gusta comprar bicicletas nuevas.

2   Pilar
Casi no como en casa. Siempre llamo a una amiga o a unos amigos para comer o cenar fuera. Me gusta mucho cocinar comida exótica. También paso mucho tiempo en mi jardín. Me gusta viajar, pero no tengo tiempo.

3   José Luis
Gasto mi dinero en el gimnasio, en los bares con mis amigos y en los viajes. Cada fin de semana viajo si puedo. No intento ahorrar. El dinero es para gastarlo.

4   Carmen
Me encanta la música. Compro muchos discos y gasto un montón en conciertos de todo tipo. También viajo y leo muchas revistas.

5 Federico

Gasto demasiado en ropa. Voy a las mejores tiendas de diseño y siempre compro más de lo que debo comprar. ¿Y dónde llevo la ropa? Pues en las discotecas. Voy cada fin de semana. Son caras y gasto mucho. También me gusta mucho el coche. Lo cuido mucho y gasto mucho en mantenerlo.

6 Julio

Salgo mucho por las noches. La mayoría de las noches, termino mi trabajo y no voy a mi casa hasta muy tarde. Me quedo en el centro de la ciudad para cenar, tomar unas copas, o ir al cine. A mediodía también como en restaurantes buenos. El coche cuesta mucho y gasto mucho en él.

3 Escribir

a Quieres encontrar a una persona para hacer un viaje juntos. Escribe un anuncio con los siguientes datos:

- Nombre y apellidos
- Edad
- Nacionalidad
- Dirección
- Profesión
- Personalidad
- ¿Qué te gusta?
- ¿Qué no te gusta?
- Actividades de tiempo libre

b ¿En qué gastas tu dinero? Escribe un texto como los de la Actividad 2 (página 59).

9

¿Quieres salir?

Sección A *Actividades*

1 Une las actvadades de la lista A con las de la lista B. Usa **porque** para unirlas.

Lista A	Lista B
1 Estoy cansado/a	hago mucho deporte.
2 Estoy sano/a	trabajo mucho.
3 Estoy triste	estoy enfermo/a.
4 No voy al trabajo	mi amiga está enfadada.
5 No voy al cine	estoy resfriado/a.
6 Estoy contento/a	tengo mucho dinero.

2 Lee y ordena el diálogo.

a   Elena: Muy bien, gracias, ¿Quieres ir a bailar esta noche?

b   Elena: Entonces, voy a tu casa.

c   Pedro: Sí, hasta el sábado.

d   Pedro: Pues, estoy muy cansado.

e   Pedro: Pero . . . tengo mucho trabajo.

f   Pedro: Hola, Elena. ¿Qué tal estás?

g   Pedro: Dígame.

h   Elena: ¿Qué te pasa?

i   Pedro: Estoy resfriado y tengo fiebre.

j   Elena: Hola, Pedro. Soy Elena.

k   Pedro: No, no. Estoy enfermo.

l   Elena: ¿Pues, vamos al cine?

m   Elena: Bueno, entonces te llamo el sábado.

3 Pon cada expresión en la categoría correspondiente.

Invitación	Aceptar	Negar	Excusas

1   No me gusta esta película.

2   De acuerdo.

3   ¿Te apetece venir a la playa?

4   ¿No te gustaría ir al cine?

5   Estupendo.

6   Lo siento, pero es difícil.

7   Me gustaría.

8   Estoy enferma.

9   Es imposible.

10   ¿Por qué no vamos allí?

11   No me apetece.

12   Me encantaría, pero estoy mal.

13   Vale.

14   No puedo.

15   Es difícil.

16   ¡Qué lástima!

17   ¡Claro!

18   ¿Vamos al teatro?

Sección A *Gramática*

¡Atención!

verbo **estar**: estoy, estás, está, estamos, estáis, están

estar + adverbio: **estoy** bien/mal/regular

estar/ser + adjetivo

    personalidad: ser (**es** inteligente)

    estado temporal: estar (**está** triste)

conmigo, **contigo**, con él/ella/usted, con nosotros/as, con vosotros/as, con ellos/ellas

querer/poder + infinitivo

me/te/le/nos/os/les + gustaría/encantaría

Nota: es la misma construcción que **me gusta** y **te encanta**, con los mismos pronombres; añade **–ría**:

me gusta ➜ **me gustaría**;
me encanta ➜ **me encantaría**.

Ejercicios

1 Rellena los espacios en blanco en los diálogos siguientes con **estar**.

1 A ¿Qué tal ...*están*......... tus hijos?
    B ...*Están*...... bien.

2 A ¿Cómo ....*estás*........ tú?
    B .....*Estoy*..... mal.

3 A ¿ ......*Están*..... enfermos tus hermanos?
    B Sí, ...*están*...... resfriados.

4 A ¿Qué tal ...*estáis*...... vosotros?
    B Nosotros ...*estamos*.... cansados.

5 A Yo ...*estoy*...... muy bien. Y usted, ¿cómo......*estás*.... ?
    B ...*Estoy*...... muy bien también, gracias.

6 A ¿Cómo ....*está*....... Pedro?
    B ....*Está*....... regular.

2 Completa las frases con **ser** o **estar** en la forma correcta.

1 Fernando ....*está*........ cansado.
2 Luisa ....*es*......... inteligente.
3 Yo ......*soy*...... enfermo.
4 Los chicos ....*son*...... simpáticos.
5 Nosotros ....*estamos*.... enfadados.
6 La chica ......*es*........ interesante.
7 Tú ...*estás*.... optimista.
8 Yo ....*estoy*...... contento.
9 ¿Vosotras ...*estáis*....... tristes?
10 Nosotros ....*somos*...... perezosos.

3 Usa los pronombres personales después de **con**.

1 A ¿Vas a la fiesta con Juan?
    B No, no voy con *él*.

2 A Voy al cine, ¿te gustaría venir con ...*conmigo*... ?
    B Sí, me gustaría mucho ir al cine con ...*contigo*...

3 María, no puedo salir con *tigo*......... ; mis padres llegan esta tarde y quiero estar con ...*ellos*...... .

4 A ¿Tú vas de vacaciones con Juan? Puedo ir yo también con ...*vosotros*... ?
    B Sí, claro, puedes venir con ...*nosotros*... .

5 A ¿Sales con Ana esta tarde?
    B No, no salgo con ...*ella*......... .

6 A ¿Sales con Luis y Juan?

   B Sí, salgo con *ellos* .

7 A ¿Estás enfadado con *migo* ?
      Yo soy tu amigo.

   B No, no estoy enfadado con
      tigo , estoy enfadado con
      tu hermano.

8 A Juan y yo vamos a la playa, ¿vienes con
      nosotros ?

   B No, Isabel y Teresa van a la montaña y
      voy con *ellas* .

4 Escribe las frases correctamente: usa las
formas con **–ría**. Sustituye los pronombres
entre paréntesis por **me/te/le/nos/os/les**.

1 (yo) gustar/ir al cine
   Me gustaría ir al cine.

2 (él) interesar/estudiar español
   Se interesaría estudiar español

3 (nosotros) encantar/ir a esquiar
   Nos encantaríamos ir a esquiar

4 ¿(tú) gustar/venir a la piscina?
   ¿Te gustarías venir a la piscina?

5 (yo) interesar/escribir libros
   Me interesaría escribir libros

6 ¿(vosotros) gustar/venir a casa?
   ¿gustaría venir a casa?

7 (ella) encantar/visitar Colombia
   Le encantaría visitar

8 ¿(usted) gustar/hablar español
   perfectamente?
   ¿Le gustaría hablar

9 (ellos) encantar/viajar por Sudamérica
   Les encantaría viajar

10 ¿(ustedes) interesar/comprar la casa?
   ¿Le interesaría comprar

11 ¿(tú) gustar/tener más amigos?
   ¿Gustarías tener más amigos?

5 Escribe los verbos **querer** o **poder** en las
formas correspondientes en estas frases.
Los dos son posibles en algunos casos.

1 A Marta, ¿ *quieres* venir al
      parque?

   B Lo siento, no *quiero* .

2 A ¿ *puede* ir Juan a la reunión
      de mañana?

   B No *puede* , está ocupado.

3 A ¿ *quieres* ir de vacaciones con
      tus padres?

   B No *quiero* ir con mis padres,
      prefiero ir con mis amigos.

4 A Nosotros no *podemos* ir a clase,
      ¿ *podéis* ir vosotros?

   B No, nosotros no *podemos* ir
      tampoco, tenemos mucho trabajo.

5 A ¿Por qué no *quieren* ir tus
      hijos al zoo?

   B No *quieren* porque no les gusta.

Sección A *Ampliación*

a Otros adjetivos con **estar**.

Usa el diccionario si es necesario.

enamorado/a   deprimido/a
ocupado/a   alegre
interesado/a   loco/a
aburrido/a   entusiasmado/a

b De fiesta.

Usa el diccionario si es necesario.

una boda
una fiesta de cumpleaños
una fiesta de fin de curso/de carrera
una fiesta de fin de año
una despedida de soltero/a
una juerga

Sección B *Actividades*

1 Lee las cartas de una revista del corazón y une los problemas con los consejos.

Problemas

1 Mis padres no me dejan salir por la noche.

2 Estoy muy triste porque no tengo amigos.

3 Mi novia me abandona por otro hombre.

4 Siempre estoy enfermo y resfriado.

5 Fumo demasiado.

6 Como mucho, pero estoy demasiado delgado y débil.

7 Mi hijo siempre está triste y solo.

8 No tengo trabajo, ni dinero.

9 Tengo muchos exámenes y estoy muy nervioso.

10 Estoy muy enfadado con mi hermano.

Consejos

a Tienes que salir con tus amigos y amigas.

b Tienes que hablar con él.

c Tienes que tomar más fruta, sobre todo naranjas.

d Tienes que hablar con ellos.

e Tienes que leer los anuncios del periódico.

f Tienes que tomar té relajante, de hierbas.

g Tienes que comer mucho más y tomar vitaminas.

h Tienes que ir a acupuntura.

i Tienes que llevarlo a un club de jóvenes.

j Tienes que ser más abierta.

Sección B *Gramática*

¡Atención!

tener que + infinitivo: **Tengo que ir** a la oficina.

Verbo **tener**: yo tengo, tú tienes, él/ella/usted tiene, nosotros/as tenemos, vosotros/as tenéis, ellos/ellas/ustedes tienen

¿Por qué no + verbo?
¿Por qué no vienes conmigo?

Ejercicios

1 Transforma las frases.

1 Comes pescado.
   Tienes que comer pescado.

2 Hacéis deporte.
   ....

3 Van a la oficina en autobús.
   ....

4 Salen pronto.
   ....

5 Vienes mañana.
   ....

6 Desayuno bien por las mañanas.
   ....

7 Leemos este libro.
   ....

8 Vosotros venís con Marta.
   ....

9 Compro este abrigo.
   ....

10 Vemos la película.
   ....

11 Llegas pronto al trabajo.
   ....

2 Transforma las frases.

1 Tienes que venir más pronto.

¿Por qué no vienes más pronto?

2 Tienen que salir de paseo.

....

3 Tengo que comprar un ordenador.

....

4 Tiene que estudiar más español.

....

5 Tenemos que visitar la ciudad.

....

6 Tenéis que venir a comer con nosotros.

....

7 Tienes que leer este libro.

....

8 Tiene que empezar a trabajar.

....

Secciones C y D *Actividades*

1 Hoy es sábado y es tu cumpleaños. Lee la agenda y escribe una carta a tu amigo/a sobre lo que vas a hacer hoy.

08:00	levantarme
08:30	desayunar
09:30	comprar bebida y comida para la fiesta
11:30	café con Alicia en el bar Miguel
12:15	llamar a Ángel para organizar los discos
14:00	comida con mis padres y tíos en el restaurante Tres Globos
17:00	encontrar a Ana y a Juanjo

17:30	comprar ropa para la fiesta con Ana y Juanjo
18:30	descansar en casa
20:15	encontrar a mis amigos en el bar Teruel
21:30	cenar en el restaurante con varios amigos
23:00	fiesta en casa con muchos amigos

Carta

Querido amigo:
Hoy es un día especial, es mi cumpleaños. Por la mañana ...

2 Pon en orden el diálogo.

a Ah, sí, pero eso es para el miércoles, la entrada cuesta mitad de precio. Hoy es martes.

b La próxima sesión es a las 9.30.

c Sí, hay otra sesión a las 11.30.

d ¿Dónde las quiere?

e Son doce euros.

f Aquí tiene. Doce euros.

g Perdone. Bueno, deme dos entradas para la sesión de las 9.30.

h Pues, si es posible en las filas de atrás, en el centro.

i Por favor, ¿a qué hora empieza la película?

j Gracias.

k ¿Hay sesiones más tarde?

l Pero aquí pone seis.

m ¿Cuánto cuesta la entrada?

3 Selecciona la palabra adecuada del cuadro para cada frase. Escribe una exclamación con la palabra y con **¡Qué …!** ¡Atención! Las palabras cambian si son adjetivos: **aburrido ➜ aburridas.**

elegante	emocionante	aburrido
triste	interesante	perezoso
largo	malo	~~bonito~~

1 Me gusta el cuadro.   ¡Qué bonito!

2 No me gustan las películas de este director.   ....

3 El viaje dura siete horas.   ....

4 Los museos no me interesan nada.   ....

5 La novela tiene un final muy misterioso.   ....

6 Este pintor pinta cuadros abstractos.   ....

7 Estos vestidos me encantan.   ....

8 Mis hijas no estudian nada.   ....

9 Esta obra es muy trágica.   ....

Secciones C y D *Gramática*

¡Atención!

ir a + infinitivo: **Voy a cenar, Voy a ir** al cine

Pronombres reflexivos detrás del infinitivo:
Voy a levantar**me.**

(Nota: también es posible: **Me** voy a levantar)

Exclamativo: ¡Qué …! + adjetivo ➜ **¡Qué** bonito!
+ nombre ➜ **¡Qué** suerte!

Ejercicios

1 Pon los verbos en la forma de futuro: **ir a** + infinitivo.

1 Ceno con mi familia.
   Voy a cenar con mi familia.

2 Hago los deberes de español.
   ....

3 Llegas tarde.
   ....

4 La tienda cierra a las siete.
   ....

5 Tengo un examen.
   ....

6 Estudiamos la lección.
   ....

7 Salgo de casa.
   ....

8 Escribes una carta.
   ....

9 ¿Vais de viaje?
   ....

10 ¿Empieza la película?
   ....

11 Ven la película.
   ....

2 Escribe las frases siguientes en el futuro (**ir a** + infinitivo).

¡Atención: los verbos son reflexivos!

1 Me acuesto pronto.
   Voy a acostarme pronto.

2 Me levanto pronto.
   ....

3 Se acuestan tarde.
   ....

4 ¿Te duchas después?

....

5 Se lava los dientes.

....

6 Nos bañamos en la piscina.

....

7 ¿Os vestís para la fiesta?

....

8 Me peino con este peine.

....

9 Se afeita ahora.

....

3 Transforma las frases.

1 La música es bonita, ¿verdad?

Sí. ¡Qué bonita! /
¡Qué bonita es la música!

2 El ejercicio es difícil, ¿verdad?

....

3 La película es muy larga, ¿verdad?

....

4 El programa es muy malo, ¿verdad?

....

5 El libro es interesante, ¿verdad?

....

6 La montaña es enorme, ¿verdad?

....

7 La música es muy buena, ¿verdad?

....

8 El coche es rápido, ¿verdad?

....

9 El hombre es fuerte, ¿verdad?

....

Secciones C y D *Ampliación*

Lecturas: tipos de revistas.

Usa el diccionario si es necesario.

Revistas…

del corazón	de moda
de deportes	del hogar
de vídeo-juegos	de ciencia-ficción
de economía y política	geográficas
de negocios y de empresa	literarias

Repaso de toda la lección

1 Más gramática

Ver página 111 en Lección 14.

2 Leer

Lee el texto sobre esta película y contesta.

1   ¿Dónde viven las protagonistas?

2   ¿Qué tipo de película es?

3   ¿Cómo son Marta y Ana?

4   ¿Qué relación tienen Marta y Ana?

5   ¿Qué profesión tiene Marta?

6   ¿Quién está casada, Ana o Marta?

7   ¿Quién es Santi?

8   ¿Quién es Alberto?

3 Escribir

Escribe un texto similar al de la Actividad 2 sobre tu película favorita.

Pareja de tres

Dos grandes actrices del cine español juntas por primera vez en una comedia romántica dirigida por Antoni Verdaguer. La película, rodada en Barcelona, habla de personas y sentimientos y reivindica la generosidad y la liberación. *Pareja de tres* es la quinta película que dirige este director catalán, nacido en Terrassa en 1954.

Marta (Rosa M. Sardá) y Ana (Carmen Maura) son dos amigas de edad madura. Marta es un poco antipática, trabaja en una oficina de abogados, no está casada y es muy independiente. Ana, por el contrario, es abierta y simpática, está casada y depende completamente de su marido, Santi (Emilio Gutiérrez Caba). Santi es el amante de Marta. Ana lo sabe y no le importa. Ana conoce a otro hombre, José. La relación entre Marta, Ana y Santi entra en crisis y Santi abandona a las dos, Ana, su mujer, y Marta, su amante.

Ana va a vivir con Marta, pero sus caracteres son muy diferentes y vivir juntas es difícil. Entonces aparece Alberto (Joaquín Kremel), un abogado que va a enfrentar de nuevo a las dos mujeres en un conflicto definitivo.

10

¿Adónde vamos?

Sección A *Actividades*

1 Completa la parte de Manuel en el diálogo.

MANUEL   1 ....

EMPLEADO   Pues, para Valladolid, por la mañana hay un Talgo y un Tranvía, y un Intercity que sale a las cinco y media de la tarde.

MANUEL   2 ....

EMPLEADO   El Talgo es más rápido que el Tranvía. El Tranvía para en todas las estaciones.

MANUEL   3 ....

EMPLEADO   El Tranvía es más barato que el Talgo.

MANUEL   4 ....

EMPLEADO   El Talgo sale a las diez de la mañana.

MANUEL   5 ....

EMPLEADO   Llega a las doce del mediodía.

MANUEL   6 ....

EMPLEADO   Sí, señor. ¿De ida solamente?

MANUEL   7 ....

EMPLEADO   ¿Cuándo quiere volver?

MANUEL   8 ....

EMPLEADO   Muy bien, el sábado por la tarde. ¿De qué clase lo quiere?

MANUEL   9 ....

EMPLEADO   Son sesenta euros. Aquí tiene. Compruebe el billete.

2 Lee y soluciona estos problemas de viajes. Atención: **tarda** ¿Cuánto tiempo tarda?

1 Un Talgo sale de Zaragoza a las dos y media y tarda una hora y media en llegar a Teruel. Un Tranvía sale una hora más tarde y tarda tres horas y media en llegar a Teruel. ¿A qué hora llega el Talgo? ¿A qué hora llega el Tranvía? ¿Cuántas horas antes llega el Talgo que el Tranvía?

2 Tienes que llegar a Madrid a las tres de la tarde. Hay un tren que sale a las doce del mediodía y llega a las tres y media. Buscas otro tren. Hay un tren que sale una hora y media más temprano pero el viaje dura tres cuartos de hora más. ¿A qué hora llega a Madrid? Si hay una avería en el tren que causa un retraso de cuarenta y cinco minutos, ¿a qué hora llega el tren?

3 ¿A qué hora llega a Sevilla el tren que sale de Madrid media hora después que el tren de las dos de la tarde, con media hora de retraso, si tarda cuatro horas y media en llegar? Si en una estación en el trayecto, hay problemas con el motor y tardas media hora más, ¿a qué hora llegas entonces?

4 Un tren sale de Bilbao a las diez y media de la mañana hacia Sevilla. Normalmente el tren llega a las diez de la noche, pero hoy el tren es más lento porque tiene que parar durante una hora y diez minutos a causa de problemas de circulación. ¿A qué hora llega a su destino?

5 El tren A sale de la estación a las diez de la mañana. Viaja a una velocidad media de ciento veinte kilómetros por hora. Va a treinta kilómetros por hora más rápido que el tren B. El tren A tarda exactamente tres horas en llegar a su destino. Si el tren B sale media hora más tarde que el tren A y para en una estación durante quince minutos, ¿a qué hora llega el tren B al mismo destino?

3 ¿En qué medio de transporte – metro, autobús o taxi – escuchas o dices estas frases? Nota: algunas frases pueden decirse en más de un medio de transporte.

1 ¿Hay una estación por aquí?

2 Está allí, al final de la calle a la derecha.

3 ¿En qué línea está la parada Ópera?

4 Al Paseo de la Independencia, por favor.

5 ¿Dónde está la parada del 29?

6 ¿Puede darme un plano?

7 ¿Cuánto es la tarjeta de viajes?

8 ¿A qué número de la calle va?

9 Quiero un bonobús, por favor.

10 La línea verde pasa por Sol y Gran Vía.

11 La parada está delante del cine.

12 Allí tiene que cambiar a la línea roja.

13 Pare aquí, por favor.

14 Puede comprar el billete en la parada.

Sección A *Gramática*

> **¡Atención!**
>
> Comparativos: más … que; menos … que
>
> Nota: tan + adjetivo ➔ **tan** grande
>
>   tanto + nombre ➔ **tanto** dinero
>
> Superlativos: el más rápido de (los dos); el menos caro de (todos)

Ejercicios

1 Escribe los comparativos correspondientes: **más, menos** o **tan**.

1 El avión es ……………… rápido que el autobús.

2 El autobús es ……………… lento que el avión.

3 El autobús es ……………… rápido que el tren AVE.

4 El autobús es ……………… cómodo que el coche.

5 El autobús es ……………… caro que el avión.

6 El coche es ……………… lento como el autobús.

7 La bicicleta es ……………… barata que el autobús.

8   El coche es .... limpio que la bicicleta.

9   El avión es .... peligroso que el coche.

10 El autobús es .... peligroso como el coche.

2 Mira los dibujos y escribe frases con los comparativos. Usa **alto**, **bajo**, **delgado**, **gordo**.

Ejemplo: El chico A es más gordo que el chico C.

A   B   C   D

3 Mira los dibujos y escribe frases.

Ejemplo: El pantalón B es más viejo que A, pero más nuevo/menos viejo que C. El pantalón A es el más nuevo.

1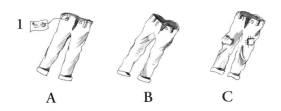

A   B   C

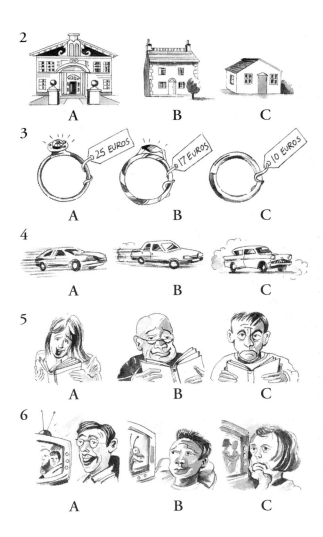

2

A   B   C

3

A   B   C

4

A   B   C

5

A   B   C

6

A   B   C

Sección A *Ampliación*

Más medios de transporte y palabras relacionadas.

Usa el diccionario si es necesario.

el monopatín	los patines
el tranvía	la moto
el coche descapotable	la furgoneta
el helicóptero	la avioneta
el cohete	el yate
el barco/el buque	la piragua

Sección B *Actividades*

1 Haz el crucigrama del futuro.

[crucigrama grid with numbered squares: 1, 2, 3, 4, 5, 6, 7, 8, 9, 10, 11, 12]

Horizontal

2 Mañana .... al parque con mis amigos.

6 Un día mi hijo .... famoso.

7 El fin de semana mis amigos .... un partido de fútbol.

8 Yo veré la tele y mi hermano .... sus deberes.

11 Queremos mirar casas. .... más casas mañana.

12 Yo .... en el bar a las nueve.

Vertical

1 Mi hermano y yo .... en la misma oficina el mes próximo.

3 El tren .... a Barcelona a las cuatro.

4 Si van a la montaña .... toda la ciudad abajo.

5 Mis padres .... el dinero a mi hermano mañana.

9 Hoy .... con mi novio en el restaurante.

10 El tren no para aquí. .... por la estación a las tres.

2 Mira los dibujos y escribe lo que hará Pedro en sus vacaciones.

3 Completa los espacios en blanco de estos tres mensajes. Usa los verbos del cuadro en el futuro.

llegar (x3)	volver	llevar
visitar	pasar	estar (x2)
viajar (x2)	ir (x2)	

1 .... a Madrid el domingo, día 12, a las diez de la mañana. .... en avión. .... mucho equipaje. ¿ .... en el aeropuerto? Gracias.

2 .... a Sevilla a las nueve de la mañana. .... en coche. ¿ ....en casa? Carmen y los niños .... conmigo.

3 .... a Madrid el viernes. .... a mis hermanos y .... el fin de semana allí. El lunes .... a la oficina por la tarde porque .... en el tren de la mañana.

Sección B *Gramática*

¡Atención!

Futuros regulares: cenar— beber— escribir— } —é —ás —á —emos —éis —án

Ejercicios

1 Transforma las frases.

1 Ceno con mis amigos.
Cenaré con mis amigos.

2 Veo a mis amigos.
....

3 La película empieza a las seis.
....

4 ¿Vuelves mañana?
....

5 Juan se levanta muy tarde.
....

6 ¿Desayunáis en casa?
....

7 Entramos más tarde a clase.
....

8 Me acuesto a las once.
....

9 ¿Lees este libro?
....

10 La tienda cierra a las ocho.
....

11 Compramos los bocadillos aquí.
....

2 Escribe las preguntas para estas respuestas.

1 ¿...?
Subiremos a la montaña el domingo.

2 ¿...?
Llegarán el jueves.

3 ¿...?
Juan estudiará en el instituto Calderón.

4 ¿...?
Terminaréis el fin de semana.

5 ¿.................? Iré al teatro.

6 ¿...?
Cenaré en el restaurante.

7 ¿...............................?

Tú comerás más tarde.

8 ¿...............................?

Iremos de vacaciones a la playa.

9 ¿.................? Volveré mañana.

10 ¿...............................?

Estudiaremos español.

3 Completa los espacios en blanco del texto siguiente. Usa los verbos del cuadro en el futuro.

tomar	subir	ir (x3)
visitar	cenar	llegar
dormir	comer	bailar
beber	dejar	viajar
quedar	llamar	
volver	pasar	

El domingo **1** .... de vacaciones a

España. **2** .... el avión en el

aeropuerto a las siete de la mañana y

3 .... a Sevilla a las diez y media.

4 .... al hotel en taxi.

5 .... a mi habitación y

6 .... las maletas. Entonces

7 .... la ciudad y

8 .... en un restaurante típico.

Después de comer **9** .... al hotel y

10 .... la siesta. Por la tarde

11 .... a mis amigos sevillanos.

12 .... en su casa y después

13 .... a los bares con ellos.

14 .... la típica sangría y después

15 .... en una discoteca muy famosa que hay en Sevilla. El lunes

16 .... a la costa y me

17 .... unos días en Málaga. Lo

18 .... muy bien.

Sección B *Ampliación*

Expresiones de futuro.

Usa el diccionario si es necesario.

esta tarde	esta noche
mañana	mañana por la mañana
pasado mañana	pasado mañana por la tarde
el lunes próximo	el martes que viene
dentro de dos días	dentro de una semana
en quince días	

Sección C *Actividades*

1 El sábado es tu cumpleaños y mandas una invitación a tu amigo. Pon las frases en el orden correcto.

a   Tendré una fiesta en casa.

b   ¿Podrás llamarla?

c   ¿Podrás venir?

d   El sábado será mi cumpleaños.

e   Hasta el viernes.

f   También haré algunos platos mexicanos.

g   Vendrán muchos amigos.

h   Así haremos todo más rápido.

i   Prepararé comida española.

j   ¿Vendrás conmigo?

k   ¿Crees que querrá venir?

l   Lo pasaremos estupendamente.

m   El viernes saldré a comprar las cosas que necesito.

n   También quiero invitar a Elena.

2 La ciudad del futuro. Completa las frases con los verbos en el futuro. Usa los que hay en el cuadro.

poder	salir	venir
estar	tener	haber (x2)
conducir	ser	

1 Las calles .... más sucias.

2 .... muchos problemas de tráfico.

3 Todos .... coches muy pequeños.

4 No .... conducir por el centro de la ciudad.

5 Los trenes .... muy rápidos.

6 .... gente de otros planetas a pasear por la ciudad.

7 No .... de casa para trabajar.

8 .... muchos más problemas con la contaminación.

9 Las ciudades .... un clima controlado.

3 Lee el horóscopo y marca las categorías que se mencionan en cada signo. Después traduce lo que dice el horóscopo.

	Amor	Trabajo/estudios	Familia	Salud	Vida social	Suerte
Aries						
Tauro						
Géminis						
Cáncer						
Leo						
Virgo						
Libra						
Escorpio						
Sagitario						
Capricornio						
Acuario						
Piscis						

Tauro　Te enamorarás, pero él/ella no te querrá.

Géminis　Tendrás problemas con tus hermanos.

Capricornio　Ganarás mucho dinero en un concurso.

Piscis　Estarás fuerte físicamente, pero vulnerable emocionalmente

Sagitario　Si haces exámenes, tendrás buenas notas.

Acuario　Conocerás a muchos amigos nuevos.

Cáncer　Tendrás buena suerte en un concurso.

Virgo　Te sentirás bien físicamente y con gran vitalidad.

Leo　Tu trabajo necesitará más atención.

Libra　Si tienes secretos en tus relaciones, los confesarás.

Escorpio　¡Cuidado! Tendrás desacuerdos con un hermano o una hermana.

Aries　Alguien te dará noticias secretas de una amiga. Tomarás una decisión importante en tu profesión.

Sección C *Gramática*

> ### ¡Atención!
>
> Futuros irregulares: poder ➡ podré; hacer ➡ harás;
> salir ➡ saldrá; venir ➡ vendremos; tener ➡
> tendréis; querer ➡ querrán

Ejercicios

1 Escribe el verbo en la forma correspondiente.

1 hacer: ustedes harán

2 salir: nosotros ....

3 poder: tú ....

4 tener: vosotros ....

5 querer: ella ....

6 hacer: yo ....

7 venir: ellos ....

8 salir: tú ....

9 tener: usted ....

10 poder: nosotros ....

11 venir: vosotros ....

2 Haz las preguntas.

1 Yo no vengo esta tarde.
¿Vendrás mañana?
....

2 Nosotros no salimos esta noche.
....

3 Ellos no hacen el trabajo hoy.
....

4 Usted no tiene tiempo ahora.
....

5 Yo no vengo hoy.
....

6 Tú no puedes ir a clase hoy.
....

7 Vosotros no queréis estudiar ahora.
....

8 Ustedes no tienen los libros hoy.
....

9 Él no viene con ustedes esta noche.
....

3 a Pon este texto en futuro (primera persona). (Atención: hay verbos regulares e irregulares.)

b Después trasforma el texto a otras personas: **él**, **vosotros**, **tú**, **nosotros**.

> Todos los días me levanto pronto, me
> ducho y desayuno café con leche y tostadas.
> Después salgo de casa y tomo el autobús.
> Vengo a la oficina en autobús. Llego a las
> nueve y trabajo toda la mañana. A mediodía
> como y compro el periódico. Vuelvo a la
> oficina. No puedo salir antes de las ocho
> porque hay mucho trabajo y tengo que
> terminar todo antes del fin de semana.
> Por la noche leo, veo la tele y me acuesto
> muy tarde.

Mañana me levantaré . . .

Sección C *Ampliación*

Otros verbos irregulares en el futuro.

poner	pondr –é/–ás/–á/–emos/–éis/–án
querer	querr –é/–ás/–á/–emos/–éis/–án
saber	sabr –é/–ás/–á/–emos/–éis/–án
decir	dir –é/–ás/–á/–emos/–éis/–án
obtener	obtendr –é/–ás/–á/–emos/–éis/–án

Repaso de toda la lección

1 Más gramática

Ver página 112 en Lección 14.

2 Leer

a Lee lo que escriben estas personas sobre sus vacaciones y celebraciones favoritas y contesta estas preguntas para cada uno: Carmen, José, Lucía y Pedro.

1 ¿Cuándo tomará las vacaciones?

2 ¿Cuánto tiempo estará de vacaciones?

3 ¿Con quién pasará las vacaciones?

4 ¿Qué fiestas le gustan más?

5 ¿Qué hará durante las vacaciones?

Carmen

A mí me encanta la Navidad y tomaré dos semanas de vacaciones. Vendrá toda mi familia a mi casa, que es muy grande. Todos nos reuniremos y cenaremos juntos en la Noche Buena, que es la noche del veinticuatro de diciembre. En España se celebra mucho la Noche Buena y después de cenar, mucha gente va a la Misa del Gallo que es a las doce y es una ceremonia muy bonita. Nosotros iremos a la misa y después volveremos a casa y tomaremos mucho turrón y cantaremos villancicos. El día de Navidad, comeremos en casa de mi hermano. Lo pasaremos estupendamente.

José

A mí me gustan las vacaciones de Navidad, pero especialmente me encanta la Noche Vieja que es el treinta y uno de diciembre. Este año tendré unos días de vacaciones desde el treinta de diciembre hasta el siete de enero. En Noche Vieja mis amigos harán una fiesta. Iré con mi mujer y lo pasaremos muy bien. Beberemos, comeremos y bailaremos toda la noche. Lo más divertido será comer las uvas, tomaremos doce uvas con las doce campanadas, esto es una tradición típicamente española.

También me gusta mucho la fiesta de los Reyes Magos. Los Reyes traen juguetes a los niños el día cinco por la noche y el día seis de enero es fiesta y todos reciben sus juguetes y regalos. El día cinco por la tarde habrá una cabalgata en la ciudad y saldremos mi mujer y yo con los niños a ver la cabalgata. Después los niños se acostarán pronto y nosotros tendremos una fiesta en casa. El día seis comeremos el roscón de Reyes, que es un pastel especial.

Lucía

Yo prefiero la Semana Santa porque es en primavera y ya empieza a hacer buen tiempo. Yo tomaré las vacaciones entonces. En mi pueblo habrá procesiones, como en todos los pueblos y ciudades de España, y yo saldré en la procesión. En las procesiones la gente lleva esculturas religiosas por las calles. También comeremos huevos de chocolate el domingo de Pascua. Después pasaré unos días en la playa antes de volver a trabajar.

Pedro

A mí me gusta tomar las vacaciones de verano porque en la ciudad hace mucho calor en verano y no me gusta estar en la ciudad y trabajar. Tendré dos semanas de vacaciones y la primera semana iré a la playa con mis amigos. Me bañaré en el mar y tomaré el sol y saldré de juerga por las noches. La segunda semana iré a la montaña con mis padres y hermanos y allí no haré nada, sólo haré alguna excursión, pero nada más.

b Busca en los textos anteriores las palabras o expresiones que corresponden a las frases siguientes.

1   Celebramos esta fiesta la última semana de diciembre.

2   Es el día veinticinco de diciembre.

3   La noche del día veinticuatro de diciembre.

4   Una celebración religiosa la noche antes del día de Navidad.

5   Un dulce que se come en Navidad.

6   Una canción de Navidad.

7   La última noche del año.

8   Una fruta.

9   Son doce.

10   Los que traen regalos a los niños.

11   La fiesta y procesión de la noche de Reyes.

12   Un pastel que se come el seis de enero.

13   Se celebra en marzo o abril.

14   Son las celebraciones típicas religiosas de la Semana Santa.

15   Salen en las procesiones.

16   Se comen el de domingo Semana Santa.

17   El último día de Semana Santa.

3 Escribir

Escribe un texto como los anteriores sobre tus vacaciones y celebraciones favoritas y lo que harás.

11

¿Qué tiempo hace?

Secciones A y B *Actividades*

1 El tiempo en España

Lee el informe del tiempo y pon las
ciudades y los símbolos donde
corresponden.

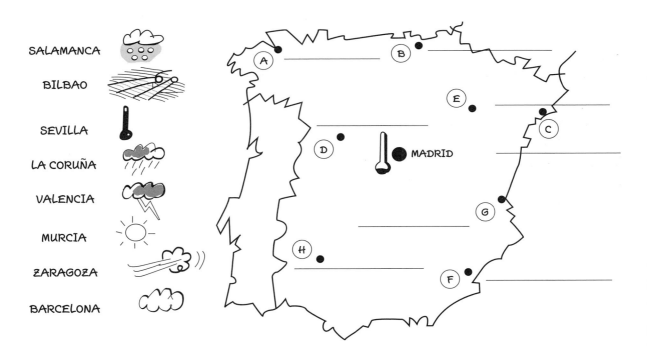

SALAMANCA

BILBAO

SEVILLA

LA CORUÑA

VALENCIA

MURCIA

ZARAGOZA

BARCELONA

En Madrid, hace frío.

1 En el noroeste, lejos de Madrid, llueve.

2 En el noreste en la costa, lejos de Madrid,
  hay nubes.

3 En el noroeste, cerca de Madrid, nieva.

4 En el sudeste, lejos de Madrid, hace sol.

5 En el norte, lejos de Madrid, hace niebla.

6 En el noreste, lejos de Madrid, hace viento.

7 En el este, lejos de Madrid, hay tormentas.

8 En el sur, lejos de Madrid, hace calor.

2 Une las frases de la lista A con las de la lista B.

Lista A	Lista B
1 Hace calor.	a ¿Puedes cerrar la ventana?
2 Llueve.	b No puedo conducir.
3 Hay mucha niebla.	c Tienes que ponerte un abrigo.
4 Hace frío.	d Vamos a la montaña.
5 Hace mucho sol.	e Necesitas un sombrero.
6 Nieva.	f Puedes ir en camiseta.
7 Tengo frío.	g ¿Puedes abrir la ventana?
8 Tengo calor.	h Tienes que tomar el paraguas.

3 Estás en Mallorca. Mira los símbolos y escribe el tiempo de cada día.

1 Lunes

Hoy lunes hace calor.

2 Martes

....

3 Miércoles

....

4 Jueves

....

5 Viernes

....

6 Sábado

....

7 Domingo

....

Secciones A y B *Gramática*

¡Atención!

¿Qué tiempo hace?

Hace + sol, calor, frío, viento, buen tiempo, mal tiempo

Hay + niebla, tormenta, nubes

llover – llueve – la lluvia
nevar – nieva – la nieve

Ejercicios

1 Contesta.

1 ¡Qué calor!
Sí, hace mucho calor.

2 ¡Qué viento!
....

3 ¡Cuánta niebla!
....

4 ¡Qué frío!
....

5 ¡Qué sol!
....

6 ¡Qué buen tiempo!
....

7 ¡Cuánta nieve!

....

8 ¡Cuánta lluvia!

....

9 ¡Qué mal tiempo!

....

10 ¡Cuántas nubes!

....

11 ¡Qué tormenta tan grande!

....

2 Haz las preguntas para estas respuestas.

1 Hoy hace buen tiempo.
2 No, no llueve casi nada.
3 Sí, muy malo.
4 En primavera hace sol.
5 Sí, en otoño, mucho viento.
6 No, no hay nubes.
7 Mañana hará sol.
8 Sí, pero no podemos esquiar porque nieva mucho.

Secciones A y B *Ampliación*

El tiempo.

Usa el diccionario si es necesario.

el huracán, el tornado, el vendaval
la ola de calor, la ola de frío
el trueno, el relámpago, el rayo
las inundaciones
la neblina, la niebla, la niebla tóxica
el aguanieve, la llovizna, la lluvia ácida

Sección C *Actividades*

1 Completa los diálogos siguientes. Tú eres A (Antonio/a Pérez). Usa las frases del cuadro si es necesario.

> Sí, un momento que ahora se pone.
> Dígame.
> Lo siento, no es aquí.
> Sí, soy yo. ¿Quién es?
> No, no está. ¿Quiere dejar un recado?

1 A ....
  B ¿Está el señor / la señora Pérez?

  A ....
  B Soy el señor Gómez.

2 A ....
  B Por favor, ¿está Javier?

  A ....
  B Sí, dígale que soy Luis y que llamaré más tarde.

3 A ....
  B ¿Puedo hablar con la señora Riera?

  A ....
  B Perdone, me he equivocado de número.

4 A ....
  B ¿Está María?

  A ....
  B Gracias.

2 Llegas a casa y encuentras estos mensajes para Ana. Ana no está. Mándale los mensajes por correo electrónico. Escribe frases completas. Empieza así:

Ana, tienes un mensaje de Raúl, de las 11 de la mañana; pregunta si …

> 1
> De: Raúl   Para: Ana   Hora llamada: 11.00
> Mensaje: domingo próximo / ir al cine con él / esperar en la cafetería Rosas a las 6.30

2
De: Pablo   Para: Ana   Hora llamada: 3.00
Mensaje: mañana noche imposible ir con
Ana teatro, madre enferma en cama.

3
De: Anabel   Para: Ana   Hora llamada: 5.30
Mensaje: invitación a su cumpleaños /
sábado / cena en su casa 8.30 / fiesta /
11 noche

3 Lo que puedes hacer con un móvil. Une el
servicio con la descripción
correspondiente.

Servicios

1   Buzón de voz

2   Internet

3   Identificación del teléfono

4   Información

5   Agenda electrónica

6   Llamada en espera

7   Multiconferencia

8   Operaciones bancarias

9   E-mail

10   Tráfico

11   Urgencias

Descripción del servicio

a   Puede registrar muchos números con el
nombre del titular.

b   Podemos saber el número de la persona
que llama, si no lo esconde.

c   Indica que nos llaman mientras hablamos
con otra persona y retiene la llamada.

d   Contestador automático para mensajes
hablados.

e   Acceso a las páginas web.

f   Envía y recibe mensajes por correo
electrónico.

g   Conversación simultánea con cinco
personas.

h   Teléfono especial para transportes, reserva
de hoteles, actualidad.

i   Teléfono especial para ambulancias y
reparación de vehículos.

j   Información del estado de las carreteras.

k   Podemos meter y sacar dinero de nuestra
cuenta.

Sección C *Gramática*

¡Atención!

No **está**.   **Estoy** en casa.   **Soy** yo.   No **es** aquí.

Ejercicios

1 Escribe **ser** o **estar** en las frases siguientes.

1   Juan no …… esta …… en casa.

2   Hola, ……………… yo, Ana.

3   Perdone, ese número no … es ………
aquí.

4   ¿ ……………… Luis en casa?

5   Hola, ¿ …… es ……… tú Luis?

6   Nosotros no …… estamos en casa,
…… Estamos … en la oficina.

7   ¿ …… Usted es el señor Martínez?
Sí, …… estoy …… yo.

8   ¿ ……………… usted el señor Martínez?
No, yo …………… el señor Martín.

2 Cosas que decimos por teléfono. Pon los verbos en el tiempo correspondiente.

1 Yo ...*llama*... (llamar) a Juan el domingo próximo.

2 Pedro ...*viene*... (venir) más tarde.

3 Juan te ...*llama*... (llamar) mañana.

4 ¿...*Vienes*... (venir) a mi fiesta el fin de semana?

5 Mi padre ...*vuelve*... (volver) más tarde.

6 ¿Felipe, ...*vuelves*... (volver) a llamar?

7 Mis hermanos ...*están*... (estar) en casa más tarde.

8 ¿Y tú, Isabel? ¿...*puedes*... (poder) llamarme más tarde?

3 Pon en orden las frases y añade los signos de puntuación necesarios.

1 de equivocado me número he

2 Pedro soy hola tal qué

3 un se espera ahora momento pone

4 soy sí quién es yo

5 tarde llamaré más Pepe soy

6 dejarle puedo recado un

7 aquí siento no es lo

Sección C *Ampliación*

Por teléfono.
Usa el diccionario si es necesario.

teléfono móvil   auricular   marcar
contestador automático   la telefónica
el operador / la operadora   el abonado
la llamada internacional   televentas
teleconferencia

Sección D *Actividades*

1 Une las frases de la lista A con las frases de la lista B.

Lista A		Lista B	
1	Está lloviendo	a	a la pelota.
2	Está leyendo	b	en la piscina de mi tía.
3	Estoy preparando	c	helados de fresa.
4	Estamos tomando	d	la cena para mis hijos.
5	Estoy nadando	e	los deberes de español.
6	Están jugando	f	música clásica.
7	Estamos comiendo	g	toma el paraguas.
8	Está haciendo	h	un bocadillo de queso.
9	Estamos escuchando	i	un tiempo muy malo.
10	Estoy terminando	j	una revista muy interesante.

2 Forma frases con las palabras de los tres cuadros. Tienes que poner los verbos en el presente continuo.

Ejemplo: Ana y yo **desayunar** galletas y leche caliente. ➔ Ana y yo **estamos desayunando** galletas y leche caliente.

Cuadro 1

1 ~~Ana y yo / desayunar~~	2 Yo / esperar
3 Pepe / dormir	4 Mi jefe y yo / comer
5 Yo / estudiar	6 María / lavarse
7 Mi madre / peinarse	8 Mis amigas / beber
9 Yo / leer	10 Mis hermanos / trabajar
11 Yo / escribir	12 Pepe y yo / jugar
13 Mi marido y yo / ver	14 Yo / limpiar

Cuadro 2

al tenis   e-mails   el autobús
hasta muy tarde   la casa
un programa muy interesante   el pelo
en el restaurante   en la peluquería
en una empresa   las noticias   ~~galletas~~
porque tengo un examen   un café

Cuadro 3

a mis amigos   de la empresa
en el periódico   en la tele
en el parque   porque va a una fiesta
~~y leche caliente~~   desde hace una hora
porque está muy cansado   extranjera
porque está muy sucia   porque va a salir
y quiero aprobar   en el bar de la esquina

Sección D *Gramática*

¡Atención!

Presente continuo: estar + gerundio (–ar ➡
                    –ando; –er, –ir ➡ –iendo)

cenando, comiendo, escribiendo

Gerundios irregulares: leer ➡ leyendo
                        dormir ➡ durmiendo

Verbos reflexivos (con pronombres reflexivos):

estoy bañándo**me** / **me** estoy bañando

Con pronombres personales:

escribo la carta ➡ estoy escribiéndo**la** / **la** estoy
escribiendo

Nota importante: cuando se pone el pronombre detrás
del gerundio se forma una sola palabra y se pone un
acento: **bañándome, escribiéndola.**

Ejercicios

1 Pon el infinitivo en presente continuo.

1 Y vosotros, ¿ .... (hacer) los
   ejercicios?

2 Teresa .... (preparar) la cena.

3 No salgo porque .... (cenar)
   con mi familia.

4 Los niños .... (dormir) en casa
   de unos amigos.

5 Nosotros .... (leer) el
   periódico.

6 Mis hermanos .... (vivir) unos
   meses en Nueva York.

7 Mi marido .... (limpiar) la casa.

8 Yo .... (estudiar) español.

2 a   Completa las frases con los verbos
       reflexivos correspondientes.

1 Pepe se baña en el mar, pero hoy está
   bañándose en la piscina.

2 Fernando siempre se ducha arriba, pero
   ahora .... en el baño de
   abajo.

3 Mis hijos siempre se visten
   rápidamente, pero hoy no, porque
   .... para una fiesta.

4 El niño se lava en el cuarto de baño,
   pero ahora .... en la
   cocina.

5 Generalmente me acuesto muy pronto,
   pero últimamente .... muy
   tarde.

6 Siempre nos peinamos en esta
   peluquería, pero hoy ....
   en otra.

7 Siempre me levanto a las siete, pero últimamente .... más tarde.

b Transforma cada frase de Actividad 2a. Ejemplo: **1** está bañándose ➜ se está bañando

3 **a** Contesta las preguntas. Usa el presente continuo y los pronombres personales correspondientes.

1 ¿Escribes la carta? Sí, estoy escribiéndola.

2 ¿Lees el libro? Sí,
....

3 ¿Haces las maletas? Sí,
....

4 ¿Bebes la leche? Sí,
....

5 ¿Ves el programa? Sí,
....

6 ¿Comes la sopa? Sí,
....

7 ¿Buscas los libros? Sí,
....

8 ¿Escribe Pedro el informe? Sí,
....

9 ¿Miras las fotos? Sí,
....

b Transforma cada frase de Actividad 3a. Ejemplo: **1** estoy escribiéndola ➜ la estoy escribiendo

Repaso de toda la lección

1 Más gramática

Ver página 112 en Lección 14.

2 Leer

a **Los climas del mundo**

Haz el test de los climas. Lee las descripciones de los climas (1–8) y di a qué clima (a–h) corresponde cada descripción.

a clima ecuatorial

b clima de montaña

c clima desértico

d clima mediterráneo

e clima continental

f clima polar

g clima oceánico

h clima tropical

1 Hace muchísimo frío siempre.

2 El tiempo es fresco en invierno, pero no hace frío. En verano, no es muy diferente, pero es un poco más templado. Llueve mucho.

3 Hace mucho frío en invierno y calor en verano. Llueve muy poco.

4 En verano hace bastante calor y el invierno es templado. No llueve mucho.

5 Hace siempre muchísimo calor, especialmente durante el día, y es muy seco, no llueve nunca.

6 Hace calor todo el año, pero un poco más en verano. Hay una estación de lluvias, que es el verano, y una estación seca, que corresponde al invierno.

7 Hace calor y llueve todo el año. No hay una estación seca.

8 Hace frío en invierno y fresco en verano. Llueve mucho y en las partes más altas nieva.

b Lee lo que dicen varias personas sobre los medios de comunicación. ¿A qué medio se refiere cada frase? Puede ser más de uno.

teléfono   carta   e-mail

1 Puedes decir más cosas muy rápidamente.

2 Tardan mucho tiempo en llegar.

3 Podemos comunicarnos con varias personas al mismo tiempo.

4 Puedo pensar y contar más cosas.

5 Lo prefiero para ponerme en contacto rápidamente con la gente que está muy lejos.

6 No me gusta escribir.

7 Es más personal y me gusta hablar.

3 Escribir

Estás de vacaciones con tu novia, Ana. Escribe un e-mail a tu amigo/a. También le mandas unas fotos.

Escribe sobre: el tiempo que hace y las actividades que haces. Escribe también un comentario sobre tus fotos de vacaciones. Usa las claves y las fotos.

E-mail

Querido/a amigo/a:
¿Qué tal? Aquí estamos muy bien ...

Te mando unas fotos de las vacaciones. Aquí Ana y yo estamos ...

Claves
tiempo bueno   mañanas: sol
tardes: nubes   noches: tormentas
levantarse pronto   piscina
subir a la montaña
comer en el campo   ver monumentos
hablar con la gente del pueblo
salir con amigos   beber sangría en el bar
acostarse pronto

12

¿Qué hiciste?

Sección A *Actividades*

1 Pon en orden las actividades que hiciste ayer.

a Comí en el restaurante.

b Compré el periódico en la parada.

c Desayuné tostadas.

d Volví a casa.

e Tomé el autobús al centro.

f Me levanté pronto.

g Tomé un café después de comer.

h Cené con mi familia.

i Leí el periódico en el autobús.

j Salí de la oficina.

k Tomé el autobús en el centro.

l Trabajé hasta la hora de salir.

m Trabajé hasta mediodía.

n Llegué a la oficina en el centro.

o Volví a la oficina.

p Me acosté pronto.

2 Sopa de letras.

a Busca ocho verbos en el pasado.
(Nota: hay un verbo que aparece tres veces
y otro que aparece dos veces.)

D	P	L	S	V	M	B
J	L	B	A	I	L	E
K	S	O	L	R	I	B
E	A	Q	I	F	U	I
W	F	C	C	U	J	S
I	C	O	M	I	H	A
O	L	M	B	J	G	F
F	U	I	A	F	D	G

b Utiliza los verbos de la "sopa" y las palabras del cuadro (si es necesario) para completar las frases.

al	en el	en la
una	con unos	

1 Fui al .... teatro.

2 .... restaurante.

3 .... discoteca.

4 .... vino.

5 .... pescado.

6 .... cine.

7 .... película.

8 .... amigos.

3 Escribe las preguntas para estas respuestas. Usa las palabras del cuadro para empezar tus preguntas.

¿Cuánto …? ¿Qué …? ¿Cómo …?
¿Dónde …? ¿Cuándo …?
¿Por qué …? ¿A qué hora …? ¿Adónde …?

1 ¿Qué comiste? Comí paella.

2 ¿ .... ? Me levanté a las siete.

3 ¿ .... ? Desayuné café y fruta.

4 ¿ .... ? Fui a trabajar en autobús.

5 ¿ .... ? Llegué media hora tarde a la oficina.

6 ¿ ....? Porque el autobús
llegó tarde.

7 ¿ ....? Llegó tarde porque
hubo un accidente.

8 ¿ ....? Comí en un
restaurante.

9 ¿ ....? Después del trabajo
fui de compras.

10 ¿ ....? Compré una
chaqueta.

11 ¿ ....? Trescientos euros.

12 ¿ ....? Después de cenar vi la
televisión.

13 ¿ ....? Me acosté tarde.

Sección A *Gramática*

¡Atención!

Pretérito indefinido de los verbos regulares: singular

	bailar	comer	salir
(yo)	bailé	comí	salí
(tú)	bailaste	comiste	saliste
(él/ella/usted)	bailó	comió	salió

+ dos verbos irregulares:

	hacer	ir/ser
(yo)	hice	fui
(tú)	hiciste	fuiste
(él/ella/usted)	hizo	fue

Ejercicios

1 Escribe los verbas del cuadro debajo de la persona correspondiente.

Yo	Tú	Él/Ella
_____	_____	_____
_____	_____	_____
_____	_____	_____
_____	_____	_____
_____	_____	_____

fui	saliste	bailé
compré	bebió	hizo
fue	te levantaste	te acostaste
salió	comí	vio

2 Completa los diálogos con las formas correspondientes de los verbos del cuadro.

ir	beber	terminar
ver	comer	salir
volver		

1

A ¿ .... tú ayer al cine?

B Sí, yo .... al cine y
.... una película muy bonita.

2

C ¿ .... el trabajo?

D Sí, yo .... todo el trabajo.

3

E ¿ .... pollo Juan?

F No. Yo .... pollo; Juan
.... pescado.

4

G ¿ .... anoche?

H Sí, ... con mis amigos.

5

I ¿A qué hora .... tú a casa anoche?

J .... a las doce de la noche.

6

K María .... mucho vino, ¿verdad?

L Sí. .... demasiado.

3 Escribe estas frases en el pasado.

1 Termino el trabajo ahora.   Ayer terminé el trabajo.

2 Voy al cine hoy.   El sábado pasado ....

3 Salgo el domingo.   Anoche ....

4 Compro ropa los fines de semana.   El fin de semana pasado ....

5 ¿Qué haces ahora?   ¿Qué .... ayer?

6 ¿Adónde vas ahora?   ¿Adónde .... ayer?

7 Javier sale todas las noches.   Anoche también ....

8 Ana baila mucho.   Anoche .... en la discoteca.

9 ¿Ves una película esta tarde?   ¿ .... una película ayer?

10 Hago mis deberes hoy.   Ayer también .... mis deberes.

11 Ceno muy tarde.   Ayer .... muy tarde también.

Sección A *Ampliación*

La agenda del día: actividades profesionales que se pueden hacer en un día. Usa el diccionario si es necesario.

tener una reunión
asistir a una conferencia
ir a un congreso
hacer un curso de formación
hacer horas extras
presentar un producto nuevo
leer un informe
encargarse de un proyecto

Sección B *Actividades*

1 Une las preguntas de la lista A con las respuestas de la lista B.

Lista A
1 ¿Adónde fuiste?
2 ¿Cuánto tiempo estuvo María en la playa?
3 ¿Cuánto tiempo estuviste en la montaña?
4 ¿Dónde estuvisteis?
5 ¿Qué hiciste?

Lista B
a Estuvo dos semanas.
b Fui a la montaña.
c Hice excursiones.
d Estuve tres semanas.
e Estuvimos en un hotel.

2 Pon las frases en el orden correcto para formar el texto.

Empieza así: El verano pasado Juan fue a Málaga ...

de una familia española / de vacaciones / ~~el verano pasado~~ / en una escuela / estuvo en casa / fue a la playa / ~~Juan fue a Málaga~~ / hizo muchas excursiones / más importantes de la zona / nadó en la piscina / pasó un mes / pero no mucho / también estudió español / por eso habló mucho / que tiene la familia / tomó el sol / y visitó los monumentos / y medio allí

3 Completa los espacios en blanco. Usa los verbos del cuadro. ¡Atención! los verbos están en plural y en el pasado.

bailar (x2)	jugar (x2)	visitar
comprar	salir	preparar
estudiar	comer	

1 Mis amigos y yo .... en la discoteca anoche.

2 Mis padres .... en el restaurante.

3 Mis hermanos .... a mis tíos en Nueva York.

4 ¿Y vosotros? ¿ .... ayer?

5 Mi mujer y yo .... un coche ayer.

6 Mis hermanos y yo .... la cena en casa.

7 ¿Dónde .... el partido de fútbol tus amigos?

8 Nosotros .... en el parque.

9 Mi hermano y yo .... en esta universidad.

10 María y Ana .... mucho en la discoteca.

Sección B *Gramática*

¡Atención!

Pretérito indefinido de los verbos regulares: plurales

	bailar	comer	salir
(nosotros/as)	bailamos	comimos	salimos
(vosotros/as)	bailasteis	comisteis	salisteis
(ellos/ellas/ustedes)	bailaron	comieron	salieron

+ dos verbos irregulares:

	hacer	ir/ser
(nosotros/as)	hicimos	fuimos
(vosotros/as)	hicisteis	fuisteis
(ellos/ellas/ustedes)	hicieron	fueron

Otros irregulares:

estar: estuve, estuviste, estuvo, estuvimos, estuvisteis, estuvieron

tener: tuve, tuviste, tuvo, tuvimos, tuvisteis, tuvieron

Ejercicios

1 Escribe las frases en el plural.

1 Yo comí en el restaurante.
Nosotros ....

2 Juan bailó mucho en la discoteca.
Juan y sus amigos ....

3 Yo hice mis deberes.
Nosotros ....

4 ¿Estuviste en Madrid?
¿(Vosotros) ....?

5 ¿Qué hizo María?
¿Qué .... María y sus amigas?

6 ¿Estudiaste ciencias en la universidad?

¿(Vosotros) .... ?

7 La cena fue buena.

Las cenas ....

8 Javier estuvo enfermo.

Mis padres ....

2 Escribe el texto de la Actividad 2 (de Actividades).

a en primera persona singular:
Empieza: El verano pasado, yo fui a Málaga de vacaciones ...

b en primera persona plural:
Empieza: El verano pasado, mi hermana y yo fuimos a Málaga de vacaciones ...

3 **a** Escribe las preguntas para las respuestas. Usa la forma **tú**.

1 ¿Bailaste anoche? Sí, bailé toda la noche.

2 ¿ ....? No. No fui al cine.

3 ¿ ....? Sí. Estuve en casa con Juan.

4 ¿ ....? Sí. Compré carne y verdura.

5 ¿ ....? Sí. Comí en el restaurante.

6 ¿ ....? No. No salí con Ana.

7 ¿ .... (hacer)? Anoche fui al centro.

b Ahora escribe las preguntas y las respuestas en el plural.

Ejemplo: ¿Bailasteis anoche? Sí, bailamos toda la noche.

Sección B *Ampliación*

Más actividades que se pueden hacer durante las vacaciones.

Usa el diccionario si es necesario.

descansar en la piscina
visitar los pueblos
alquilar una bicicleta
leer una novela
pasear por la orilla del mar
jugar al voleibol
construir castillos de arena
hacer windsurf
escalar una montaña
pescar
bucear

Secciones C y D *Actividades*

1 Completa el formulario y escribe tu autobiografía (o inventa una autobiografía). Usa los verbos del cuadro.

estudiar	trabajar
vivir	casarse
tener hijos	ir a la escuela
divorciarse	hacer (otras cosas)

Nombre y apellido(s): ....
Lugar y fecha de nacimiento: ....
Lugar(es) donde vivió: ....
Estudios: ....
Trabajos: ....
Familia: ....

2 ¿Sabes historia? Haz el test. En la pregunta el verbo está en presente. Contesta con una frase completa y escribe el verbo en el pasado.

1 ¿Cuándo llega el hombre a la luna?
en 1966   en 1968   en 1969
El hombre llegó a la luna en 1969.
....

2 La primera guerra mundial empieza en …
1918   1914   1917
....

3 Los Juegos Olímpicos de Barcelona tienen lugar en …
1992   1996   2000
....

4 ¿Cuándo es la Copa del Mundo de fútbol en España?
1978   1982   1986
....

5 ¿Cuánto tiempo dura la dictadura de Franco España?
20 años   30 años   40 años
....

6 ¿Quién pinta el famoso cuadro de *Guernica*?
Goya   Picasso   Velázquez
....

7 ¿Quién es el rey del rock 'n' roll?
Elvis Presley   Frank Sinatra
Plácido Domingo
....

8 ¿Qué hace Marilyn Monroe?
cuadros   películas   teatro
....

3 Rellena los espacios en blanco con las palabras del cuadro.

año   años   como   conoció   edad escribió   están   estuvo   famosos   fue fusilaron   mundo   muy   nació   popular vivió   volvió

España ha tenido muchos escritores
1 .... universalmente. Federico García Lorca es un poeta español
2 .... importante. Sus obras de teatro 3 .... entre las más importantes del siglo XX. 4 ....
en Granada en 1898. 5 .... en Madrid entre 1919 y 1928 donde
6 .... a mucha gente del
7 .... literario. También
8 .... en Nueva York y Cuba.
9 .... a España donde
10 .... sus obras teatrales
11 .... *Bodas de sangre, Yerma* y *La casa de Bernarda Alba*. Lorca 12 ....
antifascista y también muy 13 ....
Por eso, lo 14 .... en la guerra civil española, en el 15 1936,
a la 16 .... de treinta y ocho
17 ....

Secciones C y D *Gramática*

¡Atención!

Pretérito indefinido de **nacer**

(yo)	nací	(nosotros/as)	nacimos
(tú)	naciste	(vosotros/as)	nacisteis
(él/ella/usted)	nació	(ellos/ellas/ustedes)	nacieron

Ejercicios

1 Contesta las preguntas. Usa las claves.

1 ¿Dónde naciste? (Madrid).
   Nací en Madrid.
   ....

2 ¿Dónde estudiaste la primaria? (Colegio Miraflores)
   ....

3 ¿Dónde nació tu madre? (Valencia)
   ....

4 ¿Cuándo hiciste el servicio militar? (1990)
   ....

5 ¿Durante cuántos años saliste con María? (cuatro)
   ....

6 ¿Dónde viviste en 1995? (Barcelona)
   ....

7 ¿Dónde trabajó tu padre? (una fábrica)
   ....

8 ¿Cuándo escribiste el libro? (el año pasado)
   ....

2 Escribe estas frases en plural.

1 Mi madre vivió en Inglaterra.
   Mis padres ....

2 Yo trabajé como mecánico.
   Mis hermanos ....

3 Mi hermano hizo todos los deberes.
   Sus amigos no ....

4 Yo comí carne.
   Mis padres .... pescado.

5 Javier escribió novelas.
   Sus hermanos .... artículos de revistas.

6 Yo bailé mucho.
   Vosotros .... poco.

7 Yo fui a Benidorm.
   Ellos .... a Estados Unidos.

8 Yo estuve en casa.
   Vosotros .... en el cine.

3 Rellena los espacios en blanco con los verbos correspondientes del cuadro.

ir (x4)	nacer	venir
estudiar	salir	buscar
empezar	terminar	conocer
decidir	llamar	encontrar

María **1** .... en Madrid, pero a los dos años **2** .... a Valencia. En Valencia **3** .... al instituto y después **4** .... Economía en la universidad. Sus padres **5** .... a Estados Unidos a vivir, pero María **6** .... sus estudios y **7** .... trabajo en la ciudad. No **8** .... trabajo y **9** .... a Barcelona. Allí **10** .... a trabajar en una empresa muy grande y **11** .... a un empresario, Federico. **12** .... juntos durante tres años. **13** .... casarse y María **14** .... a sus padres. Sus padres **15** .... a España para la boda.

Secciones C y D *Ampliación*

Carreras y profesiones.

Usa el diccionario si es necesario.

el/la funcionario/a
el/la empresario/a
el/la agente de viajes
el/la albañil
el/la contable
el/la programador(a)
el/la abogado/a
el/la transportista

Repaso de toda la lección

1 Más gramática

Ver página 111 y 112 en Lección 14.

2 Leer

Lee el itinerario de un viaje y completa el cuadro (página 95).

ITINERARIO:ANDALUCÍA

- **Día 1°: Madrid–Granada**
  Salida a las 07.00 h de nuestra Terminal, por Linares y Jaén utilizando la autopista.

  Granada: llegada a la hora de comer. Comida en un restaurante típico. Tarde libre para visitar la Alhambra y el Generalife. Cena y alojamiento en el hotel.

- **Día 2°: Granada y Málaga**
  Mañana libre para visitar el famoso barrio del Albaicín. Comer. Salida a Málaga a las cuatro de la tarde. Cena y alojamiento en el hotel. Fiesta flamenca.

- **Día 3°: Málaga**
  Mañana libre para disfrutar la playa o pasear por la ciudad. Comer en el hotel. Salida a las 15.00 h a Sevilla. Tarde y noche libres.

- **Día 4°: Sevilla**
  Visita a la Giralda y la Torre del Oro por la mañana. Tarde libre para visitar la ciudad y hacer compras. Desayuno, cena y alojamiento en el hotel.

- **Día 5°: Córdoba**
  Desayuno en el hotel y salida a las 09.00 h. Día libre en Córdoba, visita opcional acompañada. Estancia en régimen de pensión completa en el hotel.

- **Día 6°: Córdoba–Madrid**
  Desayuno en el hotel. Almuerzo en bolsa pic-nic. Salida a las 09.00 h para Madrid. Llegada. Fin de viaje.

	Día 1	Día 2	Día 3	Día 4	Día 5	Día 6
Visita con guía					✔	
Viajar por la mañana						
Ver monumentos						
Nadar						
Visita libre ciudad						
Viaje en autobús						
Comer en el viaje						
Tiendas						
Música/baile español						

3 Escribir

Usa el itinerario de Actividad 2 (Leer) para escribir un e-mail a tu amigo. ¿Qué hiciste en tus vacaciones?

13

¿Qué te pasa?

Secciones A y B *Actividades*

1 Mira el dibujo del cuerpo humano y completa las palabras.

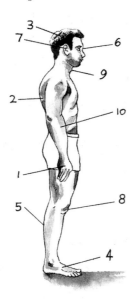

1 _ a _ o
2 _ s _ a _ d _
3 _ a _ e _ a
4 _ _ e
5 _ i _ r _ a
6 _ _ o
7 _ í _ o / _ _ e _ a
8 _ o _ i _ l _
9 _ a _ g _ n _ a
10 _ r _ z _

2 Une los dibujos con las frases.

1 Me duele la cabeza.
2 Luis tiene dolor de garganta.
3 Pedro se ha quemado la mano.
4 Mi hermano tiene la pierna rota.
5 Tengo un grano en la nariz.
6 Me duele la espalda.
7 María tiene el brazo inflamado.
8 A Ramón le duele el oído.
9 Cati tiene que tomar un jarabe.
10 Me he cortado el dedo.

3 Une las frases de la lista A con las de la lista B.

Lista A

1 He corrido el maratón.

2 He tomado el sol demasiado.

3 Me he resfriado.

4 Necesito una venda.

5 No oigo nada.

6 He bebido mucho.

7 No puedo ver bien.

8 Tengo que ir al dentista.

9 Tienes que tomar antibióticos.

10 He comido demasiado.

Lista B

a Me duele el estómago.

b Me duele la cabeza.

c Me escuece la espalda.

d Me duelen los pies.

e Me duele la garganta.

f Tengo los ojos muy irritados.

g Tengo una infección de oído.

h Me duele la muela.

i Me he cortado en la mano.

j Tienes una infección.

Secciones A y B *Gramática*

¡Atención!

Pronombres personales

me/te/le/nos/os/les + **pasa**

¡Atención! Estos pronombres son los mismos que usamos con **gustar, encantar, interesar y doler**

me/te/le/nos/os/les duele/gusta

Me duele la cabeza. **Le gusta** el cine.

Compara con los pronombres reflexivos:
me/te/se/nos/os/se

me levanto, **te** duchas, **se** acuesta, etc.

Nota que son todos iguales excepto la tercera persona:

personales: le/les

reflexivos: se

Expresiones de sugerencia

Nota la diferencia: **tienes que** (más directo y personal)

hay que (impersonal, general)

debes (como **tienes que**, pero ¡atención! no usa **que**)

(También usamos: **¿Por qué no …?**)

Ejercicios

1 Escribe la forma correcta del verbo **doler**, con los pronombres correspondientes.

1 ¿Qué te pasa? .... la cabeza.

2 ¿Qué le pasa a María? .... la pierna.

3 ¿Qué os pasa? .... las piernas.

4 ¿Qué les pasa a los niños? .... el estómago.

5 ¿Qué te pasa? .... los pies.

6 ¿Qué le pasa a usted? .... las muelas.

7 ¿Qué le pasa a tu madre? .... la garganta.

8 ¿Qué os pasa? .... la espalda.

2 Pon el pronombre personal o reflexivo correspondiente.

1 ¿Cómo .... encuentras hoy?
.... encuentro muy mal.

2 ¿Qué .... pasa?
Estoy enfermo, ... duele mucho la garganta.

3 ¿Qué .... pasa a Luis?
No sé, ... duele la cabeza, no .... encuentra bien.

4 ¿ .... duele la cabeza, Ana?
No, no .... duele la cabeza, ... duelen los ojos.

5 ¿Cómo .... encuentra María?
María .... encuentra mal.

6 ¿Qué .... pasa a los niños?
No .... encuentran bien, ... duele la garganta.

3 Elige entre **hay**, **tiene(s)**, **debe(s)** y **¿Por qué no . . .?**

1 Juan, ... que ir al médico.

2 .... vas al cine esta tarde.

3 .... que salir de paseo.

4 Para aprobar .... estudiar más.

5 En la casa .... que pintar la cocina.

6 María, ... sales a cenar conmigo.

7 En este colegio .... que estudiar mucho.

8 Tomás .... que levantarse pronto.

9 Tú .... volver pronto a casa.

10 Si tienes frío, ... cierras la ventana.

Secciones A y B *Ampliación*

El botiquín.

Usa el diccionario si es necesario.

las tiritas
las tijeras
el esparadrapo
la venda
el termómetro
la gasa
el algodón
el agua oxigenada
el desinfectante

Secciones B y C *Actividades*

1 Fernando ha vuelto de vacaciones. Mira los dibujos y escribe lo que ha hecho y lo que no ha hecho.

1   ir al pueblo ✔

2   hacer muchos amigos ✔

3   montar a caballo ✘

4   ir a la playa ✔

5   comprar regalos ✘

6   ir de excursión ✔

7   ver el museo ✘

8   comer en el restaurante Lorenzo ✔

9   visitar la ciudad ✘

10   bailar en la discoteca Loca ✔

2 Encuentra en la sopa de letras los participios de los verbos del cuadro.

estar	sufrir	ir
pasar	perder	hacer
tener	salir	robar
comprar		

A	H	N	G	H	L	I	O	P	C
S	M	G	P	E	R	D	I	D	O
F	R	A	G	C	W	E	D	Z	M
T	B	O	P	H	F	X	O	N	P
I	P	Q	R	O	B	A	D	O	R
S	A	L	I	D	O	M	J	Y	A
K	S	R	S	J	C	D	Q	K	D
U	A	D	C	T	E	N	I	D	O
E	D	S	U	F	R	I	D	O	B
H	O	E	S	T	A	D	O	V	L

3 Lee el artículo sobre María y completa los espacios en blanco con los verbos del cuadro.

ha cambiado	ha cambiado	ha dejado
ha ganado	ha ganado	ha sido
ha tenido	ha trabajado	han cambiado
han vivido	has dejado	has guardado
has hecho	has sido	he comprado
he comprado	he dado	he guardado
he hecho	he ido	he invertido
he querido	he regalado	he trabajado

María tiene cincuenta y cinco años y trabaja en una fábrica. Está casada, pero no
1 .... hijos. Su marido
2 .... toda su vida en la construcción, pero nunca **3** ....
mucho dinero. Hasta ahora
4 .... normalmente, sin lujos, pero ahora las cosas **5** ....
porque María
6 .... un premio de lotería que
7 .... muy importante para ella y su familia. ¡El premio **8** .... su vida!

Periodista: María, ¿cómo **9** ....
tu vida el premio? ¿Qué **10** ....
con el dinero?
María: "Pues **11** .... muchas cosas que siempre **12** .... hacer:
13 .... una casa grande para tener a mis padres conmigo porque son ya muy mayores, **14** .... de vacaciones con mi marido a una playa tropical, **15** .... un coche muy grande. Y claro, **16** .... mucho dinero en propiedades y compañías, y también **17** .... bastante en el banco."

P: ¿**18** .... generosa o
19 .... todo el dinero para ti?
M: "Pues **20** .... bastante dinero a mis hermanos para comprar un coche o ir de vacaciones y les
21 .... juguetes a mis sobrinos."

P: ¿**22** .... el trabajo?
M: "Sí, claro. **23** .... mucho toda mi vida y ahora quiero disfrutar un poco. Mi marido también
24 .... su trabajo y ahora vamos a descansar y pasarlo bien."

Secciones B y C *Gramática*

¡Atención!

Pretérito perfecto

he/has/ha/hemos/habéis/han + participio

–ar ➡ –ado (cen**ado**) –er ➡ –ido (com**ido**)
–ir ➡ –ido (sal**ido**)

¡Atención! el participio no cambia.

Orden de la frase

No se pueden poner palabras entre el verbo auxiliar **haber** y el participio.

Algunos participios irregulares

hecho (hacer), **escrito** (escribir)

Ejercicios

1 Completa las frases con la forma correspondiente del pretérito perfecto regular.

1 Roberto .... (tener) muchos problemas últimamente.

2 Yo no .... (poder) dormir en toda la noche.

3 Nosotros no .... (encontrar) trabajo.

4 ¿ .... (leer) tú este libro?

5 Los electricistas .... (terminar) el trabajo.

6 María .... (ganar) un premio.

7 Yo .... (comer) muchas veces en este restaurante.

8 Carlos .... (beber) demasiado esta noche.

9　¿Y tú? ¿ .... (salir) de vacaciones?

10　Los niños .... (llegar) tarde a clase.

2　Pon las frases siguientes en el orden correcto.

1　venido Fernando ha mañana pronto esta.

2　¿te qué ha trabajo en el pasado?

3　mi mucho amigo he hablado con.

4　terminar completamente no he trabajo podido mi.

5　vacaciones casi han padres terminado mis sus.

6　¿casa tarde has de salido?

7　¿han ciudad ustedes la vez alguna visitado?

8　profesión he en la trabajado misma siempre.

3　Haz las preguntas para estas respuestas. ¡Atención a los verbos reflexivos y a los verbos irregulares!

1　Me he levantado a las ocho.

　　¿A qué hora te has levantado?
　　.....................................

2　He ido al cine.
　　.....................................

3　Nos hemos acostado a las diez.
　　.....................................

4　No he visto la película.
　　.....................................

5　No, no he hecho los deberes.
　　.....................................

6　Me he vestido para la fiesta.
　　.....................................

7　José no ha vuelto de la oficina.
　　.....................................

8　Nos hemos bañado en la playa.
　　.....................................

9　No he escrito la carta a Teresa.
　　.....................................

10　María no ha roto el vaso.
　　.....................................

11　El niño se ha duchado esta mañana.
　　.....................................

Secciones B y C *Ampliación*

Más participios irregulares.

Usa el diccionario si es necesario.

roto (romper)
visto (ver)
vuelto (volver)
muerto (morir)
dicho (decir)
puesto (poner)

Secciones D y E *Actividades*

1　Une las palabras de la lista A con las de la lista B. Usa la preposición **de** si es necesario.

Lista A		Lista B	
1	un bolso	a	estampado
2	un espejo	b	lana
3	un jersey	c	liso
4	una llave	d	madera
5	un vestido	e	metal
6	unas gafas	f	oro
7	una camisa	g	piel
8	un pañuelo	h	plástico
9	una mesa	i	plata
10	un anillo	j	rayas
11	un abrigo	k	redondo
12	un reloj	l	seda

2 ¿Qué objeto es?

a Lee la descripción de un objeto. Adivina qué es.

b Si no adivinas qué es, pasa a la clave.

c Si tampoco sabes qué es, mira las soluciones en la parte de atrás.

Objetos

1 Es de metal. Generalmente es redonda en la parte de arriba y larga y estrecha en la parte de abajo.

2 Es de metal, a veces la parte de arriba, que se llama "mango", es de madera o de plástico duro.

3 Generalmente es de cristal, pero puede ser de plástico, especialmente para los niños.

4 Es de algodón, o de seda, o de papel absorbente.

5 Es redonda, esférica, normalmente de plástico.

6 Tiene dos brazos y cuatro patas y normalmente un cojín.

7 Es de metal y cristal. Tiene cuatro ruedas, asientos y un motor.

8 Es de papel. Tiene páginas y palabras.

Claves

1 Abre puertas.

2 Corta.

3 Bebes con él.

4 Lo llevas en el bolsillo o en la bolsa.

5 Jugamos con ella.

6 Nos sentamos en él.

7 Es para viajar.

8 Lleva las noticias.

3 Pon en orden las frases.

1 lana jersey de el Juan de es

2 mi de español éste ejercicios es libro de

3 de es el oro anillo Carlos éste de

4 padre las de mi metal gafas son de

5 ¿tu lavado la padre camisa de has rayas de?

6 azul tengo una color seda blusa de de

7 hermana madre mi mi el reloj de tiene oro de

8 de he mi el bolso perdido madre de piel

9 un madre que tenía bonito mi bolso azul muy era

10 crédito en la tarjetas cartera las de llevaba

Secciones D y E *Gramática*

¡Atención!

preposición **de**
un jersey **de** lana, un reloj **de** oro

de posesivo
el libro **de** Juan

pronombres personales
lo/la/los/las + pretérito perfecto
lo he perdido

pronombres posesivos

| mi, tu, su | mis, tus, sus |
| nuestro/a, vuestro/a, su | nuestros/as, vuestros/as, sus |

Ejercicios

1 Sustituye las palabras subrayadas por el pronombre posesivo correspondiente.

1 Ésta es mi casa y tu casa.
Ésta es <u>nuestra</u> casa.

2 ¿Es ésta la casa de María?
Sí, ésta es .... casa.

3 ¿Son éstos mis regalos y los regalos de Susana?
Sí, éstos son .... regalos.

4 ¿Es éste tu coche y el coche de tu hijo?
No, éste no es .... coche.

5 ¿Es ésta tu cartera?
Sí, ésta es .... cartera.

6 ¿Son éstas las gafas de Ana?
Sí, éstas son .... gafas.

7 ¿Es éste tu piso y el piso de tu padre?
Sí, éste es .... piso.

8 ¿Son éstos los bolsos de María y Rosa?
Sí, éstos son .... bolsos.

9 ¿Es ésta tu escuela y la escuela de Teresa?
No, ésta no es .... escuela.

10 ¿Son éstas mis maletas y las maletas de Luis?
No, éstas no son .... maletas.

11 ¿Es ésta la piscina de María y Carmen?
Sí, ésta es .... piscina.

2 Contesta las preguntas. Usa los pronombres personales **lo/la/los/las**.

1 ¿Has leído mi libro?
Sí, <u>lo he leído.</u> ....

2 ¿Has encontrado tu cartera?
No, no ....

3 ¿Ha perdido Federico sus gafas?
Sí, ...

4 ¿Han comprado tus padres un coche?
Sí, ...

5 ¿Habéis visto la película?
No, no ....

6 ¿Has hecho los ejercicios?
Sí, ...

7 ¿Habéis escrito las cartas?
No, no ....

8 ¿He dejado mis papeles aquí?
Sí, ...

9 ¿Han vendido tus padres el apartamento?
Sí, ...

3 Pon los verbos en paréntesis en el imperfecto.

La semana pasada un hombre le robó el bolso a mi hermana. **1** .... (ser) las ocho de la tarde y yo **2** .... (estar) en una cafetería con ella. Mi hermana **3** .... (tener) el bolso en el suelo, al lado de la mesa. Un hombre vino a la mesa y cogió el bolso. El hombre **4** .... (ser) alto y fuerte. **5** .... (tener) el pelo rubio, **6** .... (llevar) gafas y **7** .... (tener) barba.
El bolso **8** .... (ser) grande, de color marrón y **9** .... (tener) mucho dinero dentro. También **10** .... (haber) una cámara y unas gafas de sol. La cámara **11** .... (ser) muy cara. **12** .... (llevar) también un monedero donde **13** .... (tener) todas las tarjetas de crédito. Mi hermana **14** .... (estar) muy enfadada y triste y fuimos a la policía. Al día siguiente la policía encontró el bolso, pero **15** .... (estar) vacío, no **16** .... (haber) nada. Fue un desastre.

Secciones D y E *Ampliación*

Otros objetos que puedes perder.

Usa el diccionario si es necesario.

el llavero	las llaves
la tarjeta de crédito	el libro de cheques
los guantes	la bufanda
el teléfono móvil	la cartera
la agenda	el reloj
el paraguas	

Repaso de toda la lección

1 Más gramática

Ver página 112 en Lección 14.

2 Leer

En esta oficina no hay empleados hoy porque han tenido muchos problemas. Lee los mensajes que la recepcionista pasa al director. Contesta con el nombre o los nombres (puede ser más de uno). Hoy es lunes.

¿Quién . . .

1 no está enfermo/a?

2 ha ido a la policía?

3 tiene dos partes del cuerpo mal?

4 va a estar mucho tiempo sin volver a la oficina?

5 ha sufrido un ataque?

6 ha sufrido un robo?

7 no va a volver a trabajar mañana?

8 ha viajado a otro país?

9 ha comido algo malo?

10 utiliza un ordenador en su trabajo?

a La señora Martínez ha sufrido un accidente de coche y está en el hospital con una pierna rota y un golpe en la cabeza. No podrá venir a trabajar durante un mes.

b El señor Pérez ha tenido que ir a la comisaría a denunciar un robo. Le han robado la cartera esta mañana en el autobús cuando venía a la oficina. No podrá venir a trabajar hoy.

c La señorita Rosario no podrá venir a trabajar esta semana porque tiene gripe y una infección de garganta muy fuerte y es contagiosa.

d Juanito Rodríguez no puede venir a la oficina porque se ha quemado la mano y ha tenido que ir a Urgencias esta mañana. Como no puede escribir a máquina y no podrá usar el ordenador, se queda en casa hasta el miércoles.

e El señor Gil ha tenido que ir a ver a su padre, que vive en Argentina y está muy enfermo. Tiene que cuidarlo durante seis meses. No quiere volver a trabajar nunca más en esta oficina.

f La señora García ha perdido su bolso esta mañana al salir de su casa y no puede encontrar las llaves ni dinero para tomar el autobús. También ha perdido su tarjeta de crédito y no ha podido pagar el metro. Ha tenido que ir al banco a pie y va a llegar tarde (en dos horas más o menos), porque vive muy lejos.

g El señor Rodríguez está en casa porque ayer un hombre le atacó y le robó su cartera con todo el dinero de su sueldo y su reloj, que era un regalo muy especial de su hija pequeña. También le duele mucho la cabeza porque el hombre le dio un golpe en la cabeza.

h La señora Cervera está en la cama. Cree que se ha intoxicado con alguna comida en malas condiciones y le duele mucho el estómago. No sabe cuándo podrá volver a trabajar, pero es posible que pasado mañana.

3 Escribir

Escribe una carta a una amiga a quien no has visto desde hace mucho tiempo.
Cuéntale lo que has hecho durante los últimos años. **a** Usa las claves. **b** Usa tu propia información.

Claves

estudiar español – vivir en México – conocer a un(a) mexicano/a – casarte – tres hijos – conseguir trabajo excelente – muchos viajes de negocios por Latinoamérica – volver a España varias veces a visitar a la familia – un apartamento en la playa – tener un accidente de tráfico recientemente – pasar ocho semanas en el hospital

14

Repaso

Sección A *Más actividades*

1 ¿Qué te gusta hacer?

Pon las palabras del cuadro en la categoría correspondiente y después escribe frases con cada categoría. Usa **gustar** o **encantar**. (Lección 8)

Ejemplo: Me encanta escribir cartas.
Escribo con bolígrafo.

Categorías

Escribir	Jugar al tenis	Comer
bolígrafo		

Ir al cine	Pasear

Palabras

parque	ordenador	película
ciudad	pista	árboles
raqueta	flores	~~bolígrafo~~
pantalón corto	sesión	zapatillas
terror	restaurante	cocinar
cartas	entrada	carne
pescado	papel	

2 Elige la respuesta correcta. (Lección 9)

1 Tengo que estar en la cama porque estoy …
   a enfadado.   **b** contento.   **c** enfermo.

2 ¿Qué tal estás? Estoy …
   a inteligente.   **b** regular.   **c** estropeado.

3 ¿Te gustaría ir a una fiesta? Lo siento, no …
   a gusta.   **b** estoy.   **c** puedo.

4 No me gusta ir a la piscina porque no sé …
   a escuchar.   **b** nadar.   **c** patinar.

5 ¿Quieres ir a ver una película de ……………… animados?
   a dibujos   **b** pinturas   **c** teatro

6 Los domingos vamos al museo para ……………… cuadros.
   a pintar   **b** aprender   **c** ver

7 ¿Vamos al cine a las cinco? ¿Dónde …
   a salimos?   **b** quedamos?   **c** entramos?

8 Este fin de semana vamos a …
   a enfadar.   **b** descansar.   **c** cansar.

3 Haz el test de "vacaciones" de estos lugares hispanoamericanos. (Lección 10)

1 Visitaré monumentos mayas en …
   a Chile.   **b** Argentina.   **c** Guatemala.

2 Iré a Bolivia y visitaré su capital …
   a La Paz.   **b** Quito.   **c** Managua.

3 Compraré artesanía inca en …
   a Montevideo.   **b** Lima.   **c** Caracas.

4 Iremos al desierto de Atacama en …
  a Venezuela.   **b** Cuba.   **c** Chile.

5 Viajaremos por la Pampa …
  a mexicana.   **b** argentina.   **c** colombiana.

6 Nadaremos en el lago Titicaca que es el más grande del mundo y está en …
  a Honduras.   **b** Paraguay.   **c** Bolivia.

7 Veremos los icebergs de …
  a México.   **b** Chile.   **c** Costa Rica.

8 Visitaremos la catarata más alta del mundo, el salto de Ángel, que está en …
  a Ecuador.   **b** Venezuela.   **c** Perú.

4 El cine en España. Traduce el texto a tu idioma. (Lección 9)

El cine es muy popular en España. En la mayoría de las ciudades, puedes ir al cine desde las cinco de la tarde hasta muy tarde. Normalmente los cines ponen las películas cada dos horas, excepto cuando la película dura más. Las películas populares de Estados Unidos están dobladas. Pocas tienen subtítulos. También hay bastantes películas españolas. España tiene una buena industria cinematográfica, con importantes y famosos directores como Luis Buñuel, Carlos Saura y Pedro Almodóvar. También hay actores y actrices internacionales como Antonio Banderas, Penélope Cruz y Carmen Maura, entre otros.

5 Tiempo libre en Buenos Aires, Argentina. Lee la guía del ocio y contesta las preguntas. (Lecciones 9 y 10)

Buenos Aires es una ciudad cosmopolita con mucho ambiente y con mucha historia. Está en el estuario del río de La Plata en el este del país. La plaza de Mayo, cerca de la costa, es el centro histórico de esta ciudad de 12 millones de habitantes. Hay muchos centros comerciales. Los hoteles, restaurantes, teatros y las casas lujosas, están cerca de la plaza, al norte y al oeste. También hay rascacielos modernos de oficinas y apartamentos. Buenos Aires es una ciudad de avenidas anchas. La Casa Rosada, donde vive el presidente del gobierno, y el Congreso Nacional están cerca de la plaza de Mayo. Al sur está el barrio obrero de La Boca. Hacia el norte están los parques de la ciudad, y dos hipódromos. En la costa del río de La Plata hay casas grandes. La ciudad tiene 92 centros universitarios con 300.000 estudiantes. El turista debe visitar la catedral metropolitana, la iglesia de San Ignacio y la basílica de Nuestra Señora del Pilar. También debe visitar el Teatro Colón, uno de los grandes teatros de ópera del mundo, y el Zoológico. Buenos Aires tiene un jardín botánico muy bonito.

1 ¿Dónde está Buenos Aires?

2 ¿Cuál es el centro de la ciudad?

3 ¿Cuántos habitantes tiene la ciudad?

4 ¿Cómo es Buenos Aires?

5 ¿Qué hay en Buenos Aires?

6 ¿Qué es La Boca?

7 ¿En qué zona de La ciudad están los parques?

8 Menciona tres monumentos que puedes visitar.

6 **a** ¿Qué tipo de viaje te gusta? ¿Cuáles son tus países favoritos? Busca tu signo y compara. (Lección 10)

Viajes

Aries busca la aventura: safaris en
Kenia, visitas a Japón, Siria o Florencia o
viajes a islas exóticas en los Mares
del Sur.

Tauro disfruta con la tranquilidad que da la
naturaleza y el arte. Sus países son Irlanda y
Polonia.

Géminis visita las capitales con mayor
actividad: Londres, Nueva York.

Cáncer busca el mar. Le van Escocia y
Venecia. Le encanta navegar y entre
sus deportes preferidos está, sin duda,
la vela.

A **Leo** lo que le gusta es huir de las
multitudes. Elige el lujo. El yate o
la avioneta particular si su bolsillo se
lo permite o jornadas apacibles en el campo
en contacto directo con la naturaleza.

Virgo piensa que viajar en vacaciones es una
pérdida de tiempo. Suiza, Jerusalén y Lyon
son sus lugares.

Libra vence su pereza para acudir a los
festivales de Cannes y Salzburgo.

Escorpio aprovechará su estancia en lugares
como Marruecos o Noruega para encontrar
la pasión.

Sagitario siente predilección por la
aventura, lo suyo sería dar la vuelta al
mundo. Se conforma con Arabia o Toledo.

Capricornio huye de la frivolidad. Sus viajes
a Oxford o Bruselas siempre le aportan
algún provecho.

Acuario huye de la rutina. Le encantaría ir a
la luna.

Piscis sueña con Alejandría y con el Sahara.

b ¿Sí o no?

1 A Leo le gusta estar con mucha gente.

2 Acuario quiere viajar a otro planeta.

3 Cáncer quiere estar cerca del agua.

4 A Virgo le gusta viajar.

5 Tauro quiere vacaciones con un poco de
silencio.

6 A Capricornio le gustan los viajes exóticos.

7 Haz el crucigrama. (Lección 11)

Horizontal

4 Pedro está .... a mucha
velocidad.

5 Hace frío. Hay mucha ....
Es blanca.

7 ¿Qué .... Juan y Luis?
Preparan la comida.

9 ¿Quieres hablar con Ana? Ahora se
....

10 Es un día muy bueno. Hace mucho
....

11 Al contestar el teléfono: ....

Vertical

1 María está .... la comida.

2 No podemos salir. Está ....
mucho y no tengo paraguas.

3 Yo estoy .... un plato típico
español.

6 ¿Quién .... ?

8 ¿Qué tiempo .... hoy?

10 Necesito beber. Tengo ....

8 Completa el diálogo. Usa las palabras del
cuadro en la forma correcta. (¡Atención: algunas se usan más de una vez!) (Lección 12)

venir	hacer	ver	estar
beber	leer	levantar(se)	comer
ir	jugar		

A ¿Qué **1** .... ayer?

B Me **2** .... muy tarde,
3 .... a la piscina.

A ¿Y dónde **4** .... ?

B **5** .... en el restaurante.

A ¿Y qué **6** .... María?

B María no **7** .... conmigo a la
piscina, está enferma. María
8 .... en casa todo el día.

A Y tú, ¿adónde **9** .... ayer?

B Yo **10** .... a casa de mis padres.
11 .... paella y **12**
.... un vino muy bueno.

A ¿Y por la tarde? ¿**13** .... algo
especial?

B No, mi hermano y yo **14** ....
la televisión, **15** .... a las cartas
y **16** .... el periódico.

A ¿Y tu hermana Ana **17** .... con
vosotros?

B No, Ana está de vacaciones.

18 .... a Mallorca el domingo
pasado para dos semanas.

9 Encuentra en la sopa de letras las doce
palabras que necesitas para completar las
frases. (Lección 13)

A	G	O	K	F	J	P	E	I	R	C	N
F	C	O	M	I	D	O	O	M	E	M	D
P	A	S	A	D	O	H	A	G	D	R	L
E	T	P	L	A	S	T	I	C	O	B	B
C	A	B	E	Z	A	S	G	L	N	N	C
H	R	D	Q	H	P	I	A	Q	D	J	K
W	R	E	C	E	T	A	R	D	A	Y	T
P	O	V	H	C	C	R	G	R	I	P	E
U	G	V	O	H	W	Q	A	V	U	E	N
K	T	S	L	O	X	T	N	M	N	W	I
B	A	X	C	Z	I	J	T	T	F	X	D
S	Z	U	Y	P	O	M	A	D	A	R	O

1 He .... pescado en mal estado.

2 Es un reloj de forma ....

3 ¿Qué te ha .... ?

4 Me duele la ....

5 Tengo tos y me duele la ....

6 Tienes que ponerte esta ....

7 He .... un accidente.

8 ¿Qué has .... ?

9 Te voy a .... unas pastillas.

10 Tengo fiebre. Tengo la ....

11 ¿Tienes un pañuelo? Tengo un
....

12 Es una bolsa de ....

10 Lee el artículo y contesta las preguntas. (Lección 13)

La famosa actriz Lola Carrillo fue atracada la semana pasada en una calle muy céntrica de nuestra ciudad. El hecho ocurrió en la misma puerta de la casa de la actriz. Un hombre fuerte y corpulento la asaltó por detrás, le cogió el bolso y escapó corriendo por un parque que hay enfrente de la casa. La actriz corrió detrás del hombre, pero no pudo verle la cara, aunque era pleno día. En el bolso Lola Carrillo llevaba quinientos euros, unas tarjetas de crédito y sus gafas. Al día siguiente la policía encontró el bolso, pero estaba vacío. La actriz dijo que lo que más sentía era el haber perdido sus gafas porque no podía estudiar el guión de su próxima película.

1 ¿Quién fue la víctima?

2 ¿Dónde ocurrió el robo?

3 ¿Cuándo ocurrió?

4 ¿Quién atacó a esta persona?

5 ¿Qué le robó?

6 ¿Adónde fue el atracador después del robo?

7 ¿Qué hizo la víctima?

8 ¿Qué hizo la policía?

9 ¿Qué objeto de los robados era más importante para la víctima? ¿Por qué?

Sección B *Más gramática*

1 Rellena los espacios en blanco de este texto sobre Barcelona. Usa los verbos: **ser, estar, haber (hay), tener, gustar** y **encantar**. (Lección 8)

Vivo en Barcelona, que **1** .... en Cataluña. **2** .... muy grande, pero el transporte **3** .... muy bueno. El metro **4** .... excelente. Me **5** .... viajar en el metro en verano porque **6** .... aire acondicionado. Lo bueno de Barcelona **7** .... sus paseos y plazas. Me **8** .... las Ramblas. Barcelona **9** .... también muchos monumentos y **10** .... muy interesantes. En Barcelona **11** .... playas muy bonitas y **12** .... bastante limpias. Me **13** .... ir a la playa. Las calles modernas de Barcelona **14** .... muy anchas y en ellas **15** .... muchas tiendas. Las tiendas **16** .... fantásticas. Las calles antiguas **17** .... muy estrechas. En Barcelona **18** .... mucho tráfico y no me **19** ....

2 Completa los diálogos con los verbos **ir** (para construcciones de futuro), **poder** y **estar**. (Lección 9)

1 A ¿Y tú?, ¿ .... a ir a la piscina?

   B Yo no ...., ... resfriado.

2 A ¿ .... a ir al cine vosotros?

   B No ...., ... muy cansados.

3 A ¿ .... a hacer Pedro el examen?

   B No, Pedro no ...., ... enfermo.

4 A ¿Y tú? ¿ .... a ir a la playa con Luis?

   B No ...., Luis .... enfadado conmigo.

5 A ¿ .... a salir a bailar María y Victoria?

   B No .... porque .... muy cansadas.

6 A ¿ .... a ir a la fiesta Luis y tú?

   B Nosotros no ...., Luis no está y yo .... muy triste.

3 Rellena los espacios en blanco del diálogo entre Jorge y Francisca. Usa los verbos del cuadro (en el futuro) si es necesario. (Lección 10)

descansar	comer	venir
viajar	ir	alquilar
ser	comprar	bañar
salir (x2)	tomar	subir
estar (x2)	hacer	

JORGE   ¿1 .... mañana al pueblo conmigo?

FRANCISCA   No, mañana 2 .... a la agencia de viajes y 3 .... los billetes para Tenerife.

JORGE   ¿Cuándo 4 .... para Tenerife?

FRANCISCA   5 .... el lunes próximo.

JORGE   ¿Cuánto tiempo 6 .... alli?

FRANCISCA   7 .... allí dos semanas.

JORGE   ¿Y qué 8 ....?

FRANCISCA   Pues 9 .... dos o tres días, me 10 .... en el mar y 11 .... el sol y después 12 .... un coche y 13 .... por toda la isla. 14 .... al volcán del Teide y 15 .... los platos típicos canarios. Creo que 16 .... unas vacaciones estupendas.

4 Rellena los espacios en blanco de esta conversación. (Lección 11)

FRANCISCO   Dígame.

CARLOTA   ¿1 .... Francisco?

FRANCISCO   Sí, 2 .... yo. ¿Quién 3 .... ?

CARLOTA   4 .... Carlota.

FRANCISCO   ¿Qué tal 5 .... , Carlota?

CARLOTA   Muy bien. 6 .... pasando unos días en la montaña.

FRANCISCO   ¡Estupendo! ¿7 .... buen tiempo?

CARLOTA   Regular, a veces 8 .... sol, pero también 9 .... mucho y 10 .... mucho frío.

FRANCISCO   ¿Y Pepe y los niños?

CARLOTA   Los niños ahora 11 .... esquiando y Juan está 12 .... una cerveza en el bar.

FRANCISCO   Yo estoy 13 .... mucho en la oficina. 14 .... muy cansado.

CARLOTA   Bueno, hasta pronto, Francisco.

5 Escribe las preguntas para estas respuestas: primero con **tú/vosotros** y después con **usted/ustedes**. (Lección 12)

1   ¿ .... ? Nací en 1980.

2   ¿ .... ? Ayer no fui a clase.

3   ¿ .... ? Mi hermano nació en 1983.

4 ¿ .... ? Estudié mucho el fin
de semana.

5 ¿ .... ? Fui a Mallorca de
vacaciones.

6 ¿ .... ? Bailamos toda la noche.

7 ¿ .... ? Vimos *Drácula*.

8 ¿ .... ? Mis padres llegaron
ayer.

9 ¿ .... ? Mi hermano vino la
semana pasada.

10 ¿ .... ? Luis y Ana se casaron
el año pasado.

11 ¿ .... ? Anoche fuimos al
teatro.

12 ¿ .... ? No, no tuve el examen
ayer.

6 Rellena los espacios en blanco con los
pronombres correspondientes. (Lección 13)

1 ¿Qué .... pasa?

He comido demasiado y ....
duele el estómago.

2 ¿Qué .... pasa a Juan?

Ha tomado el sol demasiado y
.... duele la cabeza.

3 ¿Qué .... pasa?

Hemos andado mucho y ....
duelen los pies.

4 ¿Qué .... pasa?

Han hecho mucho ejercicio y
.... duele la espalda.

5 ¿Qué .... pasa?

He cogido un resfriado y ....
duele la garganta.

7 Rellena los espacios en blanco del diálogo.
Elige el verbo correspondiente del cuadro
en la forma correcta. (Lección 13)

coger	denunciar	escribir	estar
haber	llevar (x2)	ocurrir	robar
ser (x6)	tener (x2)	ver (x2)	

SEÑORA   Quiero 1 .... un robo.
Ayer me 2 .... la
maleta. 3 .... ayer a
mediodía.

POLICÍA   ¿Dónde 4 ....
exactamente?

SEÑORA   5 .... en la estación, yo
6 .... en la cafetería
con mi marido. 7 ....
la maleta a mi lado. Yo
8 .... una postal y no
9 .... nada. Pero mi
marido 10 .... a la
persona que 11 .... la
maleta. 12 .... una
chica joven, 13 ....
baja y morena, 14 ....
un abrigo verde.

POLICÍA   ¿Cómo 15 .... su
maleta?

SEÑORA   16 .... de piel, de
color marrón. 17 ....
toda la ropa y también
18 .... una cámara y
un bolso que 19 ....
varios objetos personales dentro.

Key to exercises

Lección 1

Sección A *Actividades* P1
1 1 d 2 c 3 g 4 a 5 f 6 b 7 e

2 b, e, f, a, h, c, d, g

3 1 I 2 F 3 I 4 I 5 F 6 F 7 I 8 F

Sección A *Gramática*
1 Buenas; llamas; llamo; llama; llamo

2 1 Me 2 te 3 se

Sección B *Actividades* P2
1 1 a 2 g 3 h 4 b 5 e 6 d 7 i 8 f 9 c

2 1 d 2 e 3 c 4 b 5 a

3 1 señor 2 Es 3 soy 4 señora 5 llamo
6 directora 7 qué 8 ingeniero 9 llama
10 llama

Sección B *Gramática*
1 1 F 2 F 3 M/F 4 M 5 M/F 6 M
7 M 8 M/F 9 M 10 M/F

2 1 secretario 2 arquitecto 3 recepcionista
4 director 5 médico 6 pintor
7 escritor 8 periodista

3 1 eres 2 es 3 es 4 Soy 5 Soy 6 Es
7 eres 8 es

Sección C *Actividades*
1 1 colombiano 2 argentino 3 español
4 brasileño 5 francés 6 italiano 7 alemán
8 escocés 9 inglés 10 estadounidense

2

Nacionalidad	País
española (f)	España
turca (f)	Turquía
uruguayo (m)	Uruguay
paraguayo (m)	Paraguay
griego (m)	Grecia
chileno (m)	Chile
mexicano (m)	México
alemana (f)	Alemania
egipcio (m)	Egipto
ecuatoriano (m)	Ecuador
galés (m)	Gales
guatemalteco (m)	Guatemala

3 a Brasil b Argentina c México d Perú
e Uruguay f Bolivia g Guatemala
h Honduras i Nicaragua j Venezuela
k Paraguay l Ecuador m Chile
n El Salvador o Colombia p Costa Rica
q Panamá r Puerto Rico s Cuba
t República Dominicana

Sección C *Gramática*
1 1 irlandés; irlandesa 2 español; española
3 italiano; italiana 4 portugués; portuguesa
5 cubano; cubana
6 estadounidense; estadounidense
7 colombiano; colombiana
8 guatemalteco; guatemalteca
9 ecuatoriano; ecuatoriana
10 venezolano; venezolana

2 1 es de 2 es 3 soy 4 eres de 5 soy de
6 Eres de 7 es 8 Soy

3 1 eres 2 Soy 3 eres 4 Soy 5 es
6 es 7 es

Sección D *Actividades*
1 1 hermano 2 mujer/esposa 3 hermana
4 madre 5 hijo 6 padre 7 marido/esposo
8 hijo

2 1 ¿Cómo se llama tu/su madre?
2 ¿Cuántos hijos tiene(s)?
3 ¿Cómo se llama el marido de Marta?
4 ¿Tiene(s) hermanos?

5 ¿Cómo se llama tu/su padre?
6 ¿Tiene(s) padres?

Sección D *Gramática*

1 1 el hermano   2 el padre   3 el hijo
4 el marido / el hombre

2 1 los hermanos   2 las hijas   3 los maridos
4 los padres   5 las madres   6 los hijos

3 1 tienes; tengo; tus; llama; mi; llama
2 tiene; tiene; de; de   3 tu; mi; de

Repaso de toda la lección

2 1 Carmen es de Bogotá, de Colombia.
2 Es de España; es español.   3 Es profesora.
4 No.   5 Dos, un hermano y una hermana.
6 Carmen.   7 Su hijo.   8 Su hermano.

Lección 2

Secciones A y B *Actividades*

1 1 zumo de naranja/zumo de limón
2 café con leche   3 patatas fritas
4 agua con gas/agua sin gas
5 té con limón/té con leche
6 tortilla de patata/tortilla de jamón
7 bocadillo de jamón/bocadillo de queso
8 empanadillas fritas   9 vino blanco

2 Comidas: jamón, tortilla, bocadillos,
calamares, hamburguesa
Comidas vegetarianas: olivas, pan, patatas
fritas
Bebidas: agua, zumo, café, cortado, té, leche
Bebidas alcohólicas: cerveza, vino
Nota: *tortilla* y *bocadillos* pueden ser también
vegetarianos.

3 1 Quiero calamares/empanadillas, etc.
2 ¿Qué hay?
3 ¿Hay tortilla de jamón?
4 ¿Hay tortilla de patata?
5 Quiero tortilla de patata.
6 Quiero agua/cerveza, etc.
7 Nada más. ¿Cuánto es?

Secciones A y B *Gramática*

1 a 1 el   2 el   3 los   4 la   5 las   6 las
7 el   8 los   9 la
b 1 un   2 unas   3 un   4 una   5 unas
6 unos   7 una   8 un

2 1 –   2 –   3 –   4 un   5 –/el   6 Las   7 un
8 un   9 un   10 –   11 –   12 –   13 –
14 –   15 una   16 un   17 –   18 –
19 –

3 1 Quieres   2 hay   3 Hay   4 Quiero
5 Quieres   6 Quiero   7 Quieres
8 Quiero   9 Hay   10 hay   11 Quieres
12 quiero   13 quieres   14 Quiero

Secciones C y D *Actividades*

1 Hidratos de carbono: patatas, pan, pastel,
azúcar, pasta
Grasas: chocolate, mantequilla
Proteínas: pollo, leche, pescado, ternera,
huevo, trucha
Frutas y verdura: naranja, manzana, lechuga,
coliflor, champiñón

2 1 Quiero ensalada mixta/sopa de
lentejas/gazpacho.   2 Quiero pollo
asado/pescado a la plancha/salchichas.
3 Con patatas/ensalada.   4 Sí, ¿qué frutas
hay?   5 Quiero naranja/manzana/pera.
6 Sí/No, gracias.

3 1 c   2 e   3 d   4 a   5 b

Secciones C y D *Gramática*

1 1 los   2 el   3 las   4 las   5 el   6 la
7 los   8 el

2 1 vives   2 Vivo   3 vive   4 vive   5 vivo

3 1 De dónde; Soy   2 Cómo; Me llamo
3 Dónde; Vivo   4 Cuál; Soy   5 Qué; Quiero
6 Cómo; (Mi nombre) se escribe
7 Cuál; (Mi número de teléfono) es

4 1 ¿De dónde es (usted)?   2 ¿Cómo se llama?
3 ¿Dónde vive?   4 ¿Cuál es su profesión?
5 ¿Qué quiere beber?   6 ¿Cómo se escribe su
nombre?   7 ¿Cuál es su número de teléfono?

Secciones D y E *Actividades*

1 1–12 (CALLE)   3–8 (PLAZA)
10–14–2–13 (CARRETERA)
4–11–6–15 (AVENIDA)
9–7–5 (PASEO)

2 1 C/   2 Pza.   3 Sr.   4 Sra.   5 Pº.
6 Ctra.   7 Srta.   8 Avda.   9 Nº   10 1º

3 1 b   2 c   3 c   4 b   5 a   6 b   7 a   8 c

Secciones D y E *Gramática*

1 a 1 75   2 87   3 97   4 35   5 21
6 56   7 48   8 15   9 19
b 1 cincuenta y cuatro   2 sesenta y seis
3 setenta y ocho   4 noventa y dos
5 dieciocho   6 veintisiete   7 treinta y
cinco   8 trece   9 cuarenta y cuatro

2 a 1 Cuántos   2 tiene   3 Tiene
4 Cuántos   5 tienes   6 tengo
b 1 Cómo   2 Se escribe   3 Cuántos
4 Tengo   5 Cuál   6 de teléfono

Repaso de toda la lección

2 1 De ternera   2 De pollo doble, Montecristo,
VIPS Club   3 Combinado de pavo   4 Jamón
y queso a la plancha, Croque Monsieur,
Sandwich Dos Islas, Montecristo, VIPS Club
5 Vegetal plancha, Combinado de pavo,
Sandwich Dos Islas, De ternera   6 Payés
7 Jamón y queso a la plancha, Combinado de
pavo, Croque Monsieur, Sandwich Dos Islas,
Montecristo, De ternera, VIPS Club
8 Combinado de pavo, De pollo doble,
Sandwich Dos Islas   9 Croque Monsieur,
Payés, Montecristo   10 Vegetal plancha
11 De pollo doble   12 Croque Monsieur
13 Sandwich Dos Islas   14 De ternera, VIPS
Club

Lección 3

Secciones A, B y C *Actividades*

1 1 Bogotá está en Colombia. Está en el centro
de Colombia.

2 Buenos Aires está en Argentina. Está en el
este de Argentina.
3 Montevideo está en Uruguay. Está en el sur
de Uruguay.
4 Lima está en Perú. Está en el oeste de Perú.
5 Caracas está en Venezuela. Está en el norte
de Venezuela.
6 Quito está en Ecuador. Está en el norte de
Ecuador.
7 Tegucigalpa está en Honduras. Está en el
centro de Honduras.
8 Ciudad de México está en México. Está en
el sudeste de México.
9 Asunción está en Paraguay. Está en el sur
de Paraguay.
10 La Paz está en Bolivia. Está en el oeste de
Bolivia.

2 1 a   2 i   3 j   4 f   5 b   6 h   7 g
8 e   9 c   10 d

3 1 Barcelona está en la Comunidad de
Cataluña. Está en el noreste de España. Es
grande: tiene 1.600.000 habitantes. Madrid
está a 621 km. Tarragona está cerca. Sevilla
está muy lejos.
2 La Coruña está en la Comunidad de
Galicia. Está en el noroeste de España. Es
pequeña: tiene 250.000 habitantes.
Barcelona está a 1.109 km. Pontevedra está
cerca. Madrid está lejos.
3 Valladolid está en la Comunidad de
Castilla-León. Está en el centro de España.
Es mediana: tiene 335.000 habitantes.
Madrid está a 200 km. Ávila está cerca.
Barcelona está lejos.
4 Sevilla está en la Comunidad de Andalucía.
Está en el sur de España. Es grande: tiene
720.000 habitantes. Madrid está a 542km.
Granada está cerca. La Coruña está lejos.

4 1 ¿Sevilla es grande?/¿Es grande Sevilla?
2 ¿A cuántos kilómetros está Bilbao de
Sevilla/Sevilla de Bilbao?
3 ¿Cómo es Barcelona?
4 ¿Dónde está Zaragoza?
5 Zaragoza está en el noreste de E̶
6 La plaza está en el centro de la
7 Hay un cine muy grande en el
8 Hay muchos edificios antiguos
Barcelona.

Secciones A, B y C *Gramática*

1 1 tiene 2 hay 3 es 4 está 5 hay
6 tiene 7 son 8 está

2 1 es 2 está 3 está 4 es 5 está
6 está 7 está 8 es

3 1 Estoy 2 Es 3 es 4 Está 5 Está
6 Estoy 7 hay 8 es 9 Hay 10 hay

Sección D *Actividades*

1 1 b (Juan) 2 e (Luis) 3 a (Catalina)
4 d (Ana) 5 c (Manuel)

2 1 Todo recto, la segunda a la izquierda, la
primera a la derecha.
2 Todo recto, la primera a la izquierda, y la
tercera a la derecha.
3 Todo recto, al final de la calle.
4 Todo recto, la primera a la derecha.
5 [Hay varias rutas.] Ej: Todo recto, la segunda
a la izquierda y la tercera a la derecha.

Sección D *Gramática* Page 18

1 1 está; está 2 estoy; estás 3 está
4 estoy; estoy 5 está; Estás 6 estoy; está

2 1 está 2 está 3 Está 4 es 5 Es; está

3 1 la; a la 2 al 3 la; a la 4 a la 5 Al

Sección E *Actividades*

1 Plano C

2 En el plano A, hay un hotel enfrente de la
discoteca. En el plano B, hay un parque. En el
plano A, el restaurante Goya está entre el
supermercado y el banco. En el plano B el
banco está entre el supermercado y el
restaurante Goya.

En el plano A, el banco está entre el restaurante
Goya y el cine. En el plano B, el restaurante Goya
está entre el banco y el cine.

ección E *Gramática*

1 b 2 d 3 a 4 f 5 c 6 e

1 una 2 una 3 la 4 la 5 La
6 la

b 1 un 2 un 3 la 4 El 5 la 6 el
7 un 8 la

3 1 estoy 2 es 3 hay 4 está 5 de
6 tiene 7 está 8 enfrente 9 lado
10 entre 11 Debajo 12 esquina 13 hay
14 detrás

Repaso de toda la lección

2 1 a 2 b 3 c 4 b 5 b 6 a

Lección 4

P.22 Sección A *Actividades*

1 1 e 2 c 3 f 4 d 5 h 6 b 7 a 8 g

2 1 Dos habitaciones, por favor.
2 Para dos noches.
3 No. La individual con ducha, por favor.
4 De acuerdo. Con baño.
5 Queremos (desayunar y) cenar.
6 ¿Cuánto es?

3 1 20/2 2 25/12 3 8/10 4 16/5 5 3/11
6 30/9 7 1/2 8 13/3 9 11/1

4 1 1.751 2 3.381 3 533 4 403
5 8.736 6 2.108 7 5.050 8 112
9 10.415 10 957 11 15.500

Sección A *Gramática*

1 1 con 2 para 3 sin 4 con 5 para

2 1 el siete de marzo 2 el tres de diciembre
3 el trece de junio 4 el veintiuno de julio
5 el dieciocho de enero 6 el veintinueve de
noviembre 7 el uno de septiembre 8 el doce
de febrero 9 el veinticinco de mayo 10 el
once de marzo

3 1 el 2 la 3 la 4 la 5 el 6 la 7 la
8 la 9 la 10 el 11 el 12 la

Sección B *Actividades*

1 a 1 calefacción 2 restaurante
3 discoteca 4 peluquería 5 piscina
6 ascensor 7 cafetería 8 servicio
camarero 9 aire acondicionado
b a 2 b 4 c 6 d 8 e 9 f 3 g 7
h 1 i 5

2 1 f　2 g　3 e　4 a　5 h　6 d　7 c　8 b

3　**Ejemplos**

1 Estoy en un hotel.
2 El hotel se llama . . .
3 El hotel está en . . .
4 El hotel es bonito / cómodo / moderno . . .
5 En el hotel hay . . . habitaciones.
6 Mi habitación es la (número) . . .
7 Mi habitación es grande / cómoda / moderna . . .
8 En la/mi habitación hay una televisión / un teléfono . . .
9 En el hotel hay una piscina / un bar / un restaurante . . .

Sección B *Gramática*

1
1 grande	2 pequeña	3 moderna
4 cómodo	5 bonita	6 grande
7 bonito	8 moderna	9 económico
10 rápido	11 cómoda	

2
1 hay	2 está	3 es	4 es	5 Hay
6 está	7 está	8 Hay		

3
1 Cómo	2 Dónde	3 Qué	4 Qué
5 Cómo	6 Dónde	7 Dónde	
8 Qué			

Secciones C y D *Actividades*

1 El piso A tiene un pasillo, dos dormitorios, dos baños, una cocina, un salón-comedor y una terraza. El baño está enfrente del dormitorio, etc.
El piso B tiene un pasillo, un dormitorio, dos baños, una cocina, un salón-comedor y una terraza. El dormitorio está al lado de la cocina, etc.
El piso C tiene un pasillo, dos dormitorios, un baño, una cocina, un salón-comedor y una terraza. La cocina está enfrente del salón, etc.

2 1 C　2 B　3 D　4 A

3
1 La bañera está en el cuarto de baño.
2 La lámpara está en el dormitorio/salón.
3 El armario está en el dormitorio.
4 El sofá está en el salón.
5 La ducha está en el cuarto de baño.
6 La silla está en el comedor.
7 La estantería está en el salón.
8 La mesilla de noche está en el dormitorio.
9 La cama está en el dormitorio.
10 El frigorífico está en la cocina.

Secciones C y D *Gramática*

1
1 la casa bonita ➜ las casas bonitas
2 el hotel moderno ➜ los hoteles modernos
3 el apartamento grande ➜ los apartamentos grandes
4 la habitación desordenada ➜ las habitaciones desordenadas
5 el ascensor rápido ➜ los ascensores rápidos
6 la piscina vacía ➜ las piscinas vacías
7 la cocina limpia ➜ las cocinas limpias
8 el piso cómodo ➜ los pisos cómodos
9 el comedor viejo ➜ los comedores viejos
10 el baño pequeño ➜ los baños pequeños

2
1 La casa es cara ¿Cómo es la casa? Las casas son caras.
2 La habitación está limpia. ¿Cómo está la habitación? Las habitaciones están limpias.
3 La ciudad es grande. ¿Cómo es la ciudad? Las ciudades son grandes.
4 El piso está sucio. ¿Cómo está el piso? Los pisos están sucios.
5 La cocina es pequeña. ¿Cómo es la cocina? Las cocinas son pequeñas.
6 El salón está vacío. ¿Cómo está el salón? Los salones están vacíos.
7 El café está caliente. ¿Cómo está el café? Los cafés están calientes.
8 El vino es caro. ¿Cómo es el vino? Los vinos son caros.
9 El restaurante es nuevo. ¿Cómo es el restaurante? Los restaurantes son nuevos.
10 El hotel es viejo. ¿Cómo es el hotel? Los hoteles son viejos.
11 El vaso está lleno. ¿Cómo está el vaso? Los vasos están llenos.
12 El dormitorio está desordenado. ¿Cómo está el dormitorio? Los dormitorios están desordenados.

3 Vivo en el tercer piso, segunda puerta. Mi amigo Juan vive en el quinto piso, primera puerta. Mi amiga Susana vive en el noveno

piso, cuarta puerta. Mi hermano vive en
el primer piso, octava puerta. Mis padres viven
en el décimo piso, puerta tercera. Mi tía vive
en el octavo piso, sexta puerta. Mis primos
viven en el séptimo piso, quinta puerta.

Repaso de toda la lección

2 **A** Hotel Sol   **B** Hotel Pirineos   **C** Hotel
Carlos I

3 Estimado señor/Estimada señora:
Quiero/Deseo/Quisiera reservar dos
habitaciones en su hotel para siete noches, del
28 de enero al 3 de febrero. Quiero/Queremos
una habitación doble para dos adultos y una
individual para un niño; las dos habitaciones
con baño completo. Quiero/Queremos media
pensión, con desayuno y cena. ¿Hay televisión
en la habitación? ¿Hay frigorífico y aire
acondicionado?
¿Hay jardín y piscina? ¿Y tiene parque infantil?
Muchas gracias. Un saludo . . .

Lección 5

Secciones A y B *Actividades* P31

1 Juan come en el restaurante/en casa. Yo
compro libros/cerveza. Tú comes en casa/en el
restaurante. Marta trabaja en un hospital/en
casa/en una fábrica/en la calle Mayor. Tú
escuchas mucha música/música clásica. Yo
escucho música clásica/mucha música. Ella
vive en la calle Mayor. Tú trabajas en un
hospital/en casa/en una fábrica. Yo estudio
alemán/música clásica. Luis bebe cerveza.

2 Pepe vive en Madrid, trabaja en una fábrica.
Come en casa (a mediodía) y estudia inglés por
las tardes. Escucha música rock y compra
libros de aventuras.
Yo vivo en Barcelona, trabajo en una oficina y
estudio español por las tardes. A mediodía como
en un restaurante. Escucho música clásica y
compro revistas de viajes.

3 1 En México son las diez de la mañana.
2 En Uruguay es la una de la tarde.
3 En Pakistán son las ocho de la tarde.
4 En Filipinas son las doce de la noche.

5 En Perú son las once de la mañana.
6 En California son las nueve de la mañana.
7 En Inglaterra son las cuatro de la tarde.
8 En Japón son las dos de la mañana.
(madrugada).

Secciones A y B *Gramática* P32

1 **Horizontal:** 3 estudias   4 come   5 comes
6 vivo   7 trabajo
Vertical: 1 vives   2 escucho   3 escucha
4 compra

2 1 Son las seis menos cuarto.
2 Son las ocho menos diez.
3 Son las diez y veinticinco.
4 Es la una y cuarto.
5 Son las nueve y media.
6 Son las siete menos veinticinco.
7 Son las cuatro menos veinte.
8 Son las seis menos diez.
9 Son las tres menos cinco.

3 1 08.10   2 19.15   3 05.30   4 14.25
5 23.10   6 09.45   7 16.15   8 00.35
9 18.20

4 1 haces   2 Estudias   3 trabajas
4 trabajo   5 estudio   6 comes   7 Como
8 Comes   9 como   10 ceno   11 trabajas
12 Trabajo   13 Vives   14 vivo   15 haces
16 Escucho   17 trabaja   18 trabaja
19 come   20 compra   21 come

Sección C *Actividades*

1 **a** 1 Me despierto a las siete.
b 11 Me acuesto a las once y media.
c 5 Desayuno a las ocho.
d 2 Me levanto a las siete y cuarto.
e 10 Veo la televisión a las diez.
f 7 Voy al trabajo a las nueve.
g 3 Me ducho a las siete y media.
h 12 Leo a las doce menos cuarto.
i 4 Me visto a las ocho menos cuarto.
j 6 Salgo de casa a las ocho y media.
k 8 Como a la una y media.
l 9 Vuelvo a casa a las seis y media.

2 1 Juego   2 Leo   3 Me levanto   4 Voy
5 Veo   6 Me acuesto   7 Me baño
8 Compro   9 Vuelvo   10 Hago

3 1 ¿A qué hora te levantas?/¿Te levantas a qué hora?
2 Yo salgo de casa a las siete.
3 Veo la televisión a las diez.
4 Voy a mi trabajo a las ocho y media.
5 Me acuesto a las once y media.
6 Salgo con mis amigos por la tarde.
7 Como en un restaurante con mi familia./ Como con mi familia en un restaurante.
8 Vuelvo a casa a las ocho.

Sección C *Gramática*

1 1 Me 2 se 3 te 4 te 5 Me 6 Te; te 7 me 8 se 9 Te 10 me

2 1 despierto 2 levanto 3 Voy 4 ducho 5 visto 6 lavo 7 peino 8 desayuno 9 Salgo 10 tomo 11 llego 12 Compro 13 voy 14 Desayuno 15 leo 16 Entro 17 Trabajo 18 tomo 19 como 20 como 21 vuelvo 22 Salgo 23 vuelvo/voy 24 leo 25 escribo 26 ceno 27 veo 28 acuesto

3 Juan se despierta a las seis y media, pero se levanta a las siete. Va directamente a la ducha y se ducha con agua fría. Entonces se viste, se lava los dientes y se peina. No desayuna en casa. Sale de casa a las ocho menos cuarto, toma el autobús y llega al centro a las ocho y cuarto. Compra el periódico y va a una cafetería. Desayuna un café con leche y tostadas y lee el periódico. Entra a la oficina a las nueve. Trabaja toda la mañana, pero a las once toma otro café. A las dos y media come. Normalmente come en el comedor de la empresa. Entonces vuelve al trabajo hasta las cuatro. Sale de la oficina a las siete y vuelve/va a casa. En casa lee y escribe e-mails, cena, ve la televisión y se acuesta a las once.

Sección D *Actividades*

1
Cualidad	Defecto
sensible	insensible
tranquilo	nervioso
responsable	irresponsable
abierto	tímido
simpático	antipático
fuerte	débil
sincero	mentiroso
trabajador	perezoso
optimista	pesimista
inteligente	tonto

2 1 antipático 2 débil 3 tímido 4 optimista 5 trabajador

Sección D *Gramática* P36

1 1 sincero 2 inteligente 3 responsable 4 simpático 5 trabajador 6 nervioso 7 tímido 8 fuerte 9 optimista 10 tranquilo 11 sensible

2 sincero ➔ sinceros; inteligente ➔ inteligentes; responsable ➔ responsables; simpático ➔ simpáticos; trabajador ➔ trabajadores; nervioso ➔ nerviosos; tímido ➔ tímidos; fuerte ➔ fuertes; optimista ➔ optimistas; tranquilo ➔ tranquilos; sensible ➔ sensibles

3 sincera ➔ sinceras; inteligente ➔ inteligentes; responsable ➔ responsables; simpática ➔ simpáticas; trabajadora ➔ trabajadoras; nerviosa ➔ nerviosas; tímida ➔ tímidas; fuerte ➔ fuertes; optimista ➔ optimistas; tranquila ➔ tranquilas; sensible ➔ sensibles

Repaso de toda la lección

1 1 perezoso 2 mentiroso 3 tolerante 4 envidioso 5 leal 6 egoísta 7 alegre 8 confiado 9 triste 10 simpático 11 sincero 12 responsable 13 generoso 14 tranquilo 15 optimista

2 1 Aries 2 Aries 3 Tauro 4 Cáncer, Escorpio 5 Géminis, Piscis, Virgo 6 Capricornio, Leo 7 Tauro 8 Acuario

3 *Un ejemplo*:
Querido amigo:
Estoy de vacaciones con unos amigos en la playa. Mis amigos son muy simpáticos, pero Ana es perezosa, no hace nada y Luis es tímido y no habla. Pedro es abierto y sincero, pero María es un poco mentirosa y nerviosa. Hago muchas cosas. Todos los días me levanto tarde y nado en la playa, tomo el sol y paseo con mis amigos. Ceno en restaurantes y tomamos refrescos en los bares. A veces juego al tenis o voy de excursión. Son unas vacaciones estupendas y lo paso muy bien. Hasta pronto . . .

Lección 6

Secciones A y B *Actividades*

1
1 A ¿Qué desea?
  B Quiero tomates, por favor.
  A ¿Cuántos quiere?
  B Quiero medio kilo de tomates. ¿Cuánto es?
  A Es un euro con veinte.

2 A ¿Qué desea?
  B Quiero queso, por favor.
  A ¿Cuánto quiere?
  B Quiero (un) cuarto / 250 gramos de queso. ¿Cuánto es?
  A Son dos euros con cincuenta.

3 A ¿Qué desea?
  B Quiero jamón, por favor.
  A ¿Cuánto quiere?
  B Quiero 100 gramos de jamón. ¿Cuánto es?
  A Son tres euros con setenta y cinco.

4 A ¿Qué desea?
  B Quiero pan, por favor.
  A ¿Cuánto quiere?
  B Quiero dos barras (de pan). ¿Cuánto es?
  A Son noventa céntimos.

5 A ¿Qué desea?
  B Quiero naranjas, por favor.
  A ¿Cuántas quiere?
  B Quiero tres kilos (de naranjas). ¿Cuánto es?
  A Son tres euros con ochenta.

6 A ¿Qué desea?
  B Quiero huevos, por favor.
  A ¿Cuántos quiere?
  B Quiero una docena de huevos. ¿Cuánto es?
  A Es un euro con quince.

7 A ¿Qué desea?
  B Quiero aceite, por favor.
  A ¿Cuánto quiere?
  B Quiero dos litros (de aceite). ¿Cuánto es?
  A Son ocho euros con sesenta.

8 A ¿Qué desea?
  B Quiero leche, por favor.
  A ¿Cuánta quiere?
  B Quiero (una botella de) medio litro (de leche). ¿Cuánto es?

A Es cuarenta y cinco céntimos.
9 A ¿Qué desea?
  B Quiero salchichas, por favor.
  A ¿Cuántas quiere?
  B Quiero un kilo y medio (de salchichas). ¿Cuánto es?
  A Son cinco euros con treinta.

10 A ¿Qué desea?
   B Quiero galletas, por favor.
   A ¿Cuántas quiere?
   B Quiero una caja de galletas. ¿Cuánto es?
   A Son tres euros con cuarenta.

11 A ¿Qué desea?
   B Quiero olivas, por favor.
   A ¿Cuántas quiere?
   B Quiero dos latas / botes (de olivas). ¿Cuánto es?
   A Son tres euros con veinticinco.

2 **Horizontal**: 2 vinagre   4 litro   9 lomo
10 pastel   11 carne   12 tienda
Vertical: 1 lata   2 verdura   3 kilo
5 cebolla   6 frutería   7 pollo   8 pera
10 pan

3 salchichas 4,20; aceite 3,30; plátanos 1,60; cebollas 1,10; pollo 6,15; trucha 3,60; pan 0,70; leche 0,90; agua mineral 0,90; chocolate 1,20; manzanas 2,85

4 1 aceite   2 medicinas   3 azúcar   4 libros
5 carpetas   6 peras

Secciones A y B *Gramática*

1 1 las   2 la   3 el   4 las   5 el   6 el   7 la
8 los   9 el   10 los

2
1 ¿Cuántas quiere?   2 ¿Cuánta quiere?
3 ¿Cuántos quiere?   4 ¿Cuánta quiere?
5 ¿Cuánto quiere?   6 ¿Cuántos quiere?
7 ¿Cuánto quiere?   8 ¿Cuánto quiere?
9 ¿Cuántas quiere?   10 ¿Cuánto quiere?
11 ¿Cuántas quiere?

Secciones C, D y E *Actividades*

1 1 chaqueta   2 zapatos   3 cinturón
4 camisa   5 camiseta   6 abrigo   7 blusa
8 bufanda   9 corbata   10 falda
11 gorra   12 calcetines   13 vestido
14 guantes   15 medias   16 pañuelo

2 g, c, b, d, h, l, f, a, e, n, m, k, j, o, i

3 1 Chus 2 Quico 3 Javier 4 Marta
5 Moncho

4 1 El museo abre a las once y media.
2 El banco abre a las nueve y media.
3 Las tiendas cierran a las siete y media.
4 La película empieza a las cinco y media.
5 Las discotecas abren a la una y media.
6 La clase de español termina a la una y media.
7 Las fiestas empiezan a las nueve y media.
8 Las clases terminan a las diez y media.
9 El museo cierra a las siete y cuarto.

Secciones C, D y E *Gramática*

1 1 Esta 2 Este 3 Esta 4 Estas 5 Estos
6 Este 7 Estas 8 Estos 9 Esta 10 Estas
11 Este

2 1 blanca 2 morenos 3 rubias
4 blanco 5 negros 6 amarilla 7 liso
8 negros 9 gris 10 grises 11 bonita
12 cara

3 1 empieza 2 Quieres 3 prefiero
4 cierra 5 empiezo 6 quiere 7 tiene
8 tienes 9 cierro 10 empiezas

Repaso de toda la lección

2 1 3ª planta 2 2ª planta 3 4ª planta
4 5ª planta 5 1ª planta 6 1ª planta
7 Ba (planta baja) 8 So (sótano)
9 3ª planta 10 5ª planta

Lección 7

Sección A *Más actividades*

1 1 Buenos Aires 2 Asunción 3 La Habana
4 Lima 5 Managua 6 Santiago 7 Bogotá
8 Quito 9 Montevideo

2 1 queso, pimienta 2 azúcar, lechuga
3 mantequilla, naranja

3 Querido amigo:
Yo estoy en Villanúa de vacaciones. Villanúa está en el norte de España. Es un pueblo pequeño y bonito, está en la montaña. Está lejos de Madrid.
Está a 450 kilómetros de Madrid. Villanúa tiene dos mil habitantes. Mi hotel está en la Calle Mayor, está a la izquierda, al lado de la estación. En la Plaza Pirineos hay una iglesia interesante, está a la derecha del museo. Un abrazo:

4

cuarto de baño	cocina	cuarto de bano	cocina
salón	dormitorio de mis padres	salón	comedor
comedor	mi dormitorio	dormitorio de mis padres	mi dormitorio
piso en la ciudad		apartamento en la playa	

5

MARISA	¿A qué hora te levantas?
ISABEL	Me levanto a las siete de la mañana.
MARISA	¿Qué haces todos los días?
ISABEL	Voy a la universidad. Estudio por las mañanas, como en la universidad, trabajo por las tardes y vuelvo a casa.
MARISA	¿Qué haces por las tardes?
ISABEL	Leo revistas y veo la televisión.
MARISA	¿A qué hora te acuestas?
ISABEL	Me acuesto a las once y media de la noche.
MARISA	¿Y qué haces los fines de semana?
ISABEL	Los sábados compro (voy de compras), salgo con mis amigos, ceno en un restaurante, voy al cine, bailo y me acuesto tarde. Los domingos me levanto tarde, duermo hasta las doce, juego al fútbol, como en casa y descanso.

6 1 pies → ojos 2 rubios → marrones
3 bigote → pelo 4 anillo → pendiente
5 sandalia → gorra 6 falda → camisa
7 dorados → blancos 8 talla → número
9 pollo → jersey 10 papel → flores

7 1 soltera 2 cuñada 3 novio 4 viudo
5 soltero 6 divorciado 7 jubilado
8 abuela 9 hijastra 10 hermanastro
11 sobrina 12 menor

8 1 alquilar 2 autopista 3 carnet
4 avería; taller 5 mecánico 6 gasolina; lleno
7 motor; grúa

9 1 ¿A qué hora comes?
2 ¿Cuál es tu número de teléfono?
3 ¿Qué haces? / ¿Cuál es tu profesión? / ¿Qué eres?
4 ¿Dónde vives/trabajas?
5 ¿De dónde eres?
6 ¿Dónde vives? / ¿En qué calle vives?
7 ¿Cómo te llamas?
8 ¿A qué hora empiezas tu trabajo?
9 ¿A qué hora te acuestas?
10 ¿Dónde trabajas?
11 ¿Cuántos años tienes?
12 ¿Qué haces en tu tiempo libre?
13 ¿Adónde vas el domingo?
14 ¿A qué hora te levantas?

10 1 ¿A qué hora come (usted)?
2 ¿Cuál es su número de teléfono?
3 ¿Qué hace (usted)? / ¿Cuál es su profesión? / ¿Qué es (usted)?
4 ¿Dónde vive/trabaja (usted)?
5 ¿De dónde es (usted)?
6 ¿Dónde vive (usted)? / ¿En qué calle vive (usted)?
7 ¿Cómo se llama (usted)?
8 ¿A qué hora empieza su trabajo?
9 ¿A qué hora se acuesta (usted)?
10 ¿Dónde trabaja (usted)?
11 ¿Cuántos años tiene (usted)?
12 ¿Qué hace (usted) en su tiempo libre?
13 ¿Adónde va (usted) el domingo?
14 ¿A qué hora se levanta (usted)?

Sección B *Más gramática*

1 Buenos días, ¿cómo está (usted)? ¿Se llama (usted) Pedro González?
Buenos días. Sí, me llamo Pedro González. ¿Y usted? ¿Cómo se llama?

Luis Martínez. Mucho gusto. ¿Es usted ingeniero, Sr. González?
Sí, soy ingeniero. ¿Y usted, qué es, Sr. Martínez? / ¿Cuál es su profesión?
Soy arquitecto. ¿De dónde es usted?
Soy de Barcelona, ¿y usted?
Soy de Madrid.

2 1 vivo 2 tengo 3 quiere 4 escribe
5 Hay 6 tienes 7 llama 8 eres
9 Vive 10 soy

3 1 es 2 Es 3 es 4 está 5 Está 6 está
7 es 8 es 9 Es 10 tiene 11 Tiene
12 son 13 es 14 tiene/hay
15 hay/tiene 16 está 17 está 18 Está
19 hay/tiene

4 1 desayunas; desayuno 2 vais; vamos
3 sales; salgo 4 vuelven; vuelve; vuelve
5 leéis; leemos 6 ves; veo 7 empiezan; empiezan 8 acuesta; acuesta

5 1 ¿Dónde vives / vive (usted)?
2 ¿Qué eres /es? / ¿Cuál es tu/su profesión?
3 ¿A qué hora empieza a trabajar Juan?
4 ¿Qué quiere? / ¿Qué desea? / ¿Qué va(s) a tomar?
5 ¿A qué hora vuelve a casa María?
6 ¿Cuántos años tiene(s)?
7 ¿Cuándo haces / hace usted los deberes de español?
8 ¿Cuándo te levantas? / ¿Cuándo se levanta?
9 ¿A qué hora cierra la tienda?
10 ¿A qué hora/Cuándo sale Juan de casa?

6 1 2.797 2 875 3 5.482 4 7.061
5 4.583 6 9.313 7 5.211 8 1.766
9 10.042 10 6.054

Sección C *Leer*

1

Por la mañana	Por la tarde	Por la noche
práctica	comida	cena
desayuno	juegos	concierto
limpieza	práctica	
trabajo en el jardín		
clase		

Lección 8

Secciones A y B *Actividades*

1
1 Me gusta el queso.   2 Me gustan las naranjas.   3 Me gusta el tenis.   4 Me gustan los perros.   5 Me gusta el cine.
6 No me gustan los tomates.   7 No me gusta el jamón.   8 No me gustan los plátanos.
9 No me gusta el vino.   10 No me gustan los gatos.   11 Me gusta el teatro.   12 Me gusta la playa.

2 Ejemplos
1 Me gusta el zumo de naranja.
2 Me gusta la paella. / Me gustan las patatas fritas.
3 Me encantan las peras.
4 Me encanta España.
5 Me encantan los gatos.
6 Me gusta viajar en tren.
7 Me encanta la playa.
8 Me gusta Johnny Depp.
9 Me gustan la natación y el tenis. / Me gusta jugar al fútbol.
10 Me encanta la música clásica.

3
1 Julieta   2 todos   3 Fernando, Luis
4 Julieta, Lola   5 Fernando, Lázaro   6 Lázaro
7 Lola   8 Luis   9 Lola   10 Lázaro
11 Carmen   12 Juan José   13 Marta

Secciones A y B *Gramática*

1
1 Me gusta   2 Me gustan   3 Me gusta
4 Me gustan   5 me gustan   6 Me gusta
7 me gusta   8 Me gusta   9 Me gustan
10 me gusta

2
1 te gusta   2 Me gusta/encanta
3 me gusta   4 te gusta   5 Me gustan
6 me encantan   7 te gustan   8 Me gustan
9 me gusta   10 me gusta   11 me encanta
12 te gustan   13 Me gustan   14 me gustan/interesan   15 me interesan   16 Te gusta   17 me interesan

3
1 Me gusta mucho la playa.
2 No me gustan las manzanas.
3 Le gusta mucho ir a España.

4 ¿Te gustan las discotecas?
5 No le gusta comer en restaurantes.
6 ¿Te gustan los deportes de invierno?
7 Me gustan las películas de terror.
8 No me gusta bailar en las discotecas.

Sección C *Actividades*

1

	puntos positivos	puntos negativos
medio ambiente	2, 8	5, 10, 12, 16
habitantes	1	3
tráfico		4, 6, 11, 17
transporte	9, 18	
servicios	13	7, 14, 15, 19, 20

2
1 Es grande y hay muchos lugares y monumentos, muchos cines, teatros, cafeterías, tiendas, etc.
2 Hay objetos prehispánicos.
3 Es un famoso pintor mexicano.
4 Hay actuaciones del Ballet Folklórico de México.
5 Hay muchos monumentos de interés del gran imperio azteca.
6 Tiene aproximadamente 18 millones de habitantes.
7 Se llaman camiones y peseras.
8 Es un estilo de música muy popular en todo el país.
9 Es el 15 y el 16 de septiembre.
10 Es una fiesta nacional.

Sección C *Gramática*

1
A   1 Es   2 es   3 son   4 gustan   5 hay
6 hay   7 son   8 encanta   9 están 10 gusta
11 cierran
B   1 tiene   2 sobre   3 son   4 hay   5 gusta
6 encantan   7 están   8 hay   9 gustan

2
1 Me   2 Le   3 Nos   4 Les   5 Te   6 Os
7 Me   8 Le   9 Nos

3
1 por   2 en   3 en   4 a   5 con   6 de
7 por; en   8 de   9 de

Sección D *Actividades*

1

Un lunes, día de trabajo	Un sábado, día de tiempo libre
2, 5, 6, 10, 12, 16, 17, 18	1, 3, 4, 7, 8, 9, 11, 13, 14, 15, 19

2
1 m	Nos levantamos tarde.
2 g	Nadamos en la piscina.
3 a	Vamos a la playa.
4 h	Tomamos el sol en la playa.
5 e	Cenamos en el hotel por la noche.
6 i	Comemos en los restaurantes típicos.
7 d	Bailamos toda la noche.
8 k	Nos acostamos muy tarde.
9 f	Paseamos por el pueblo.
10 l	Compramos ropa y regalos.
11 c	Tomamos el autobús a la ciudad.
12 j	Visitamos los monumentos.
13 b	Hacemos excursiones por la isla.

3 Querido Luis:

La conferencia es muy interesante. Nos levantamos pronto porque a las ocho desayunamos. A las nueve tenemos la sesión plenaria y a las nueve y media empieza/tenemos la primera conferencia. A las once hay un descanso y tomamos un café. A las once y media hay una reunión de grupos y a las doce y media hay/tenemos la segunda conferencia. A la una y media tomamos el aperitivo y a las dos comemos. A las tres y media tenemos/empieza/hay otra sesión plenaria y a las cuatro y cuarto tenemos otras sesiones en grupo. A las cinco hay otro descanso/descansamos y tomamos refrescos otra vez y a las cinco y media continuamos/continúan las sesiones en grupo. A las siete tenemos otro descanso antes de la cena. A las nueve cenamos y a las diez y media hay baile/bailamos. Hasta pronto.

Sección D *Gramática*

1
1 ¿Te gusta ir al teatro?
2 Me gusta ir al cine.
3 Le gusta comprar en el mercado.
4 Nos gusta tomar un café por la tarde.
5 ¿Os gusta salir los domingos por la tarde?
6 Les gusta comer en este restaurante.
7 Me gusta nadar en la piscina todos los días.
8 Le gusta trabajar por la noche.
9 ¿Os gusta leer libros españoles?
10 Les gusta beber vino tinto.
11 ¿Te gusta estudiar español?

2 salimos, cenamos, comemos, vemos, vamos, estamos, bebemos, leemos, tenemos, vivimos

```
A T P O I C K G A H
B E B E M O S U H I
N N A V E M O S Z B
Y E D A E E S T L V
E M Q M F M R J E I
X O D O J O L K E V
M S W S M S V F M I
E S T A M O S L O M
T R C E N A M O S O
B C C S A L I M O S
```

3 1 Nosotros vamos al cine.   2 ¿Vais mucho al teatro?   3 Leéis muchos libros.
4 Salimos mucho.   5 Bailan todos los sábados.   6 Vivimos en un apartamento.
7 ¿Vais al centro?   8 Tienen tres gatos.
9 Comemos en el mismo restaurante.
10 Siempre beben agua.   11 Trabajamos mucho.

Repaso de toda la lección

2 a 2, 6   b 4   c 2   d 4   e 5   f 5
g 1, 3   h 1, 3, 4   i 3, 6   j 5, 6

3 **Ejemplo**
Me llamo Antonio López. Soy español. Vivo en Madrid, en la calle Flores, número 65. Soy electricista. Tengo 29 años. Soy simpático, abierto y sincero. Me gustan los deportes y me encanta el cine. No me gusta bailar ni cocinar. En mi tiempo libre juego al fútbol, leo y escucho música. Quiero / Quisiera / Me gustaría encontrar a una persona similar para hacer un viaje juntos. Llama al número . . . o escribe un e-mail a . . .

Lección 9

Sección A *Actividades*

1
1 Estoy cansado/a porque trabajo mucho.
2 Estoy sano/a porque hago mucho deporte.
3 Estoy triste porque mi amiga está enfadada.
4 No voy al trabajo porque estoy enfermo/a / estoy resfriado/a.
5 No voy al cine porque estoy resfriado/a/ estoy enfermo/a.
6 Estoy contento porque tengo mucho dinero.

2 g, j, f, a, d, l, e, b, k, h, i, m, c

3
Invitación	Aceptar
3, 4, 10, 18	2, 5, 7, 13, 17
Negar	Excusas
1, 9, 11, 14, 16, (6)	6, 8, 12, 15

Sección B *Actividades*

1 1 d   2 j   3 a   4 c   5 h   6 g   7 i   8 e
9 f   10 b

Sección A *Gramática*

1 1 están; Están   2 estás; Estoy   3 Están; están
4 estáis; estamos   5 estoy; está; Estoy   6 está;
Está

2 1 está   2 es   3 estoy   4 son   5 estamos
6 es   7 eres   8 estoy   9 estáis   10 somos

3 1 él   2 conmigo; contigo   3 contigo; ellos
4 vosotros; nosotros   5 ella   6 ellos
7 conmigo; contigo   8 nosotros; ellas

4
1 Me gustaría ir al cine.
2 Le interesaría estudiar español.
3 Nos encantaría ir a esquiar.
4 ¿Te gustaría venir a la piscina?
5 Me interesaría escribir libros.
6 ¿Os gustaría venir a casa?
7 Le encantaría visitar Colombia.
8 ¿Le gustaría hablar español perfectamente?
9 Les encantaría viajar por Sudamérica.
10 ¿Les interesaría comprar la casa?
11 ¿Te gustaría tener más amigos?

5 1 quieres/puedes; quiero/puedo
2 Puede/Quiere; puede   3 Quieres; quiero
4 queremos/podemos; queréis/podéis;
podemos   5 quieren; quieren

Sección B *Gramática*

1
1 Tienes que comer pescado.
2 Tenéis que hacer deporte.
3 Tienen que ir a la oficina en autobús.
4 Tienen que salir pronto.
5 Tienes que venir mañana.
6 Tengo que desayunar bien por las mañanas.
7 Tenemos que leer este libro.
8 Tenéis que venir con Marta.
9 Tengo que comprar este abrigo.
10 Tenemos que ver la película.
11 Tienes que llegar pronto al trabajo.

2
1 ¿Por qué no vienes más pronto?
2 ¿Por qué no salen de paseo?
3 ¿Por qué no compro un ordenador?
4 ¿Por qué no estudia más español?
5 ¿Por qué no visitamos la ciudad?
6 ¿Por qué no venís a comer con nosotros?
7 ¿Por qué no lees este libro?
8 ¿Por qué no empieza a trabajar?

Secciones C y D *Actividades*

1 Querido amigo:
Hoy es un día especial, es mi cumpleaños. Por la mañana, después de desayunar voy a comprar bebida y comida para la fiesta. A las once y media voy a tomar un café con Alicia en el bar Miguel. A las doce y cuarto voy a llamar a Ángel para organizar los CDs. A las dos voy a comer con mis padres y mis tíos en el restaurante Tres Globos. A las cinco voy a encontrar a Ana y Juanjo y a las cinco y media voy a comprar ropa para la fiesta, con Ana y Juanjo. A las seis y media voy a descansar en casa y a las ocho y cuarto voy a encontrar a mis amigos en el bar Teruel. A las nueve y media voy a cenar en un restaurante con varios amigos y a las once voy a tener la fiesta en casa con muchos amigos.

2 i, b, k, c, m, e, l, a, g, d, h, f, j

3　1 ¡Qué bonito!　2 ¡Qué malas!　3 ¡Qué largo!
4 ¡Qué aburridos!　5 ¡Qué emocionante!
6 ¡Qué interesantes!　7 ¡Qué elegantes!
8 ¡Qué perezosas!　9 ¡Qué triste!

Secciones C y D *Gramática*

1　1 Voy a cenar con mi familia.
2 Voy a hacer los deberes de español.
3 Vas a llegar tarde.
4 La tienda va a cerrar a las siete.
5 Voy a tener un examen.
6 Vamos a estudiar la lección.
7 Voy a salir de casa.
8 Vas a escribir una carta.
9 ¿Vais a ir de viaje?
10 ¿Va a empezar la película?
11 Van a ver la película.

2　1 Voy a acostarme pronto.
2 Voy a levantarme pronto.
3 Van a acostarse tarde.
4 ¿Vas a ducharte después?
5 Va a lavarse los dientes.
6 Vamos a bañarnos en la piscina.
7 ¿Vais a vestiros para la fiesta?
8 Voy a peinarme con este peine.
9 Va a afeitarse ahora.

3　1 Sí. ¡Qué bonita!/¡Qué bonita es la música!
2 Sí. ¡Qué difícil! ¡Qué difícil es el ejercicio!
3 Sí. ¡Qué larga! ¡Qué larga es la película!
4 Sí. ¡Qué malo! ¡Qué malo es el programa!
5 Sí. ¡Qué interesante! ¡Qué interesante es el libro!
6 Sí. ¡Qué enorme! ¡Qué enorme es la montaña!
7 Sí. ¡Qué buena! ¡Qué buena es la música!
8 Sí. ¡Qué rápido! ¡Qué rápido es el coche!
9 Sí. ¡Qué fuerte! ¡Qué fuerte es el hombre!

Repaso de toda la lección

2　1 Viven en Barcelona.
2 Es una comedia romántica.
3 Marta es un poco antipática y muy independiente. Ana es abierta y simpática.
4 Son amigas.
5 Trabaja en una oficina de abogados.
6 Ana está casada.

7 Es el marido de Ana y el amante de Marta.
8 Es un abogado.

Lección 10

Sección A *Actividades*

1　1 Por favor, ¿cuántos/qué trenes hay para Valladolid?
2 ¿Qué tren es más rápido, el Talgo o el Tranvía?
3 ¿Cuál es más barato?
4 ¿A qué hora sale el Talgo?
5 ¿Y a qué hora llega a Valladolid?
6 Pues deme un billete para el Talgo, por favor.
7 No, de ida y vuelta.
8 El sábado por la tarde.
9 De segunda clase. ¿Cuánto es?

2　1 las cuatro; las siete; tres
2 las tres menos cuarto; las tres y media
3 las siete y media; las ocho de la tarde
4 las once y diez de la noche
5 las tres menos cuarto de la tarde

3　1 metro, autobús　2 taxi　3 metro
4 taxi　5 autobús　6 metro, autobús
7 metro, autobús　8 taxi　9 autobús
10 metro　11 metro, autobús　12 metro
13 taxi　14 autobús

Sección A *Gramática*

1　1 más　2 más　3 menos　4 menos
5 menos　6 tan　7 más　8 menos
9 menos　10 tan

2　Ejemplos:
El chico A es más gordo que el chico C.
El chico A es más alto que el chico B.
El chico C es más delgado que el chico B.
El chico D es más delgado que el chico A.
El chico B es más bajo que el chico D, etc.

3　1 El pantalón B es más viejo que A, pero más nuevo/menos viejo que C. El pantalón A es el más nuevo.

2 La casa A es más grande que la casa B. La casa A es la más grande. La casa B es más pequeña que la casa A. La casa C es la más pequeña.

3 El anillo A es más caro que el anillo B. El anillo A es el más caro. El anillo C es el más barato.

4 El coche A es más rápido que el coche B. El coche A es el más rápido. El coche C es el más lento.

5 El libro A es más interesante que el libro B. El libro A es el más interesante. El libro C es el menos interesante/el más aburrido.

6 La película A es más emocionante que la película B. La película A es la más emocionante. La película C es la menos emocionante/la más aburrida.

Sección B *Actividades*

1 **Horizontal:** 2 iré   6 será   7 jugarán   8 hará   11 miraremos   12 estaré
Vertical: 1 trabajaremos   3 llegará   4 verán   5 darán   9 comeré   10 pasará

2 Pedro irá a España de vacaciones durante quince días. Irá a la playa. Irá en avión, estará/se quedará/se alojará en un hotel. Alquilará un coche. Hará/Tomará muchas fotos. Tomará el sol en la playa, nadará en la piscina. Subirá a una montaña. Visitará monumentos. Bailará, comerá mucho y dormirá.

3 1 Llegaré; Iré; Llevaré; Estarás
2 Llegaré; Viajaré; Estarás; viajarán
3 Iré; Visitaré; pasaré; llegaré; volveré

Sección B *Gramática*

1 1 Cenaré con mis amigos.
2 Veré a mis amigos.
3 La película empezará a las seis.
4 ¿Volverás mañana?
5 Juan se levantará muy tarde.
6 ¿Desayunaréis en casa?
7 Entraremos más tarde a clase.
8 Me acostaré a las once.
9 ¿Leerás este libro?
10 La tienda cerrará a las ocho.
11 Compraremos los bocadillos aquí.

2 1 ¿Cuándo subiréis a la montaña?
2 ¿Cuándo llegarán?
3 ¿Dónde estudiará Juan?
4 ¿Cuándo terminaremos?
5 ¿A dónde/Dónde irás?
6 ¿Dónde cenarás?
7 ¿Cuándo comeré (yo)?
8 ¿A dónde/Dónde iréis de vacaciones?
9 ¿Cuándo volverás?
10 ¿Qué estudiaréis?

3 1 iré   2 Tomaré   3 llegaré   4 Iré
5 Subiré   6 dejaré   7 visitaré   8 comeré
9 volveré   10 dormiré   11 llamaré
12 Cenaré   13 iré   14 Beberé   15 bailaré
16 viajaré   17 quedaré   18 pasaré

Sección C *Actividades*

1 d, a, g, i, f, c, l, n, k, b, m, j, h, e

2 1 estarán   2 Habrá   3 conduciremos
4 podremos   5 serán   6 Vendrá
7 saldremos   8 Habrá   9 tendrán

3

	Amor	Trabajo/estudios	Familia	Salud	Vida social	Suerte
Aries		✔			✔	
Tauro	✔					
Géminis			✔			
Cáncer						✔
Leo		✔				
Virgo				✔		
Libra	✔					
Escorpio			✔			
Sagitario		✔				
Capricornio						✔
Acuario					✔	
Piscis				✔		

3 **a** **Yo**: Mañana me levantaré pronto, me ducharé y desayunaré café con leche y tostadas. Después saldré de casa y tomaré el autobús. Vendré a la oficina en autobús. Llegaré a las nueve y trabajaré toda la mañana. A mediodía comeré y compraré el periódico. Volveré a la oficina. No podré salir antes de las ocho porque habrá mucho trabajo y tendré que terminar todo antes del fin de semana. Por la noche leeré, veré la tele y me acostaré muy tarde.

b **Él**: se levantará; se duchará; desayunará; saldrá; tomará; vendrá; llegará; trabajará; comerá; comprará; volverá; podrá; tendrá; leerá; verá; se acostará

Vosotros: os levantaréis; os ducharéis; desayunaréis; saldréis; tomaréis; vendréis; llegaréis; trabajaréis; comeréis; compraréis; volveréis; podréis; tendréis; leeréis; veréis; os acostaréis

Tú: te levantarás; te ducharás; desayunarás; saldrás; tomarás; vendrás; llegarás; trabajarás; comerás; comprarás; volverás; podrás; tendrás; leerás; verás; te acostarás

Nosotros: nos levantaremos; nos ducharemos; desayunaremos; saldremos; tomaremos; vendremos; llegaremos; trabajaremos; comeremos; compraremos; volveremos; podremos; tendremos; leeremos; veremos; nos acostaremos

Sección C *Gramática*

1 1 harán 2 saldremos 3 podrás 4 tendréis 5 querrá 6 haré 7 vendrán 8 saldrás 9 tendrá 10 podremos 11 vendréis

2 1 ¿Vendrás mañana?
2 ¿Saldréis mañana (por la noche)?
3 ¿Harán el trabajo/Lo harán mañana?
4 ¿Tendrá (usted) tiempo mañana?
5 ¿Vendrás mañana?
6 ¿Podrás ir a clase mañana?
7 ¿Querréis estudiar mañana?
8 ¿Tendrán (ustedes) los libros/Los tendrán mañana?
9 ¿Vendrá mañana?

Repaso de toda la lección

2 **a** **Carmen**
1 Navidad 2 Dos semanas
3 Familia 4 Noche Buena, día de Navidad
5 Cenará con su familia en la Noche Buena, irá a la Misa del Gallo, tomará mucho turrón y cantará villancicos. El día de Navidad, comerá en casa de su hermano.
José
1 En Noche Vieja y la primera semana del año (desde el 30 de diciembre).
2 Una semana (ocho días) 3 La Noche Vieja con amigos y con su mujer y Reyes con su mujer y sus niños. 4 Noche Vieja y la fiesta de los Reyes Magos (la cabalgata).
5 Irá a la fiesta de sus amigos: beberá, comerá, bailará, tomará las uvas. El día

cinco irá a la cabalgata con sus niños, por la noche tendrá una fiesta en casa. El día seis comerá el roscón.

Lucía
1 En Semana Santa, en primavera.
2 Varios días 3 No dice 4 Las procesiones de Semana Santa.
5 Saldrá en la procesión de su pueblo, después irá a la playa.

Pedro
1 Verano 2 Dos semanas 3 En la playa con sus amigos y en la montaña con sus padres y hermanos. 4 Verano 5 La primera semana, irá a la playa, se bañará en el mar y tomará el sol, saldrá de juerga por las noches. La segunda semana en la montaña, no hará nada, sólo alguna excursión.

b 1 la Navidad 2 el día de Navidad
3 la Noche Buena 4 la Misa del Gallo
5 el turrón 6 el villancico 7 la Noche Vieja 8 las uvas 9 las campanadas
10 los Reyes Magos 11 la cabalgata
12 el roscón 13 la Semana Santa
14 las procesiones 15 las esculturas religiosas 16 los huevos de chocolate
17 el domingo de Pascua

Lección 11

Secciones A y B *Actividades*

1 1 A La Coruña 2 C Barcelona 3 D Salamanca 4 F Murcia 5 B Bilbao
6 E Zaragoza 7 G Valencia 8 H Sevilla

2 1 g 2 h 3 b 4 a 5 e 6 d 7 c 8 f

3 1 Hoy lunes hace calor. 2 Hoy martes hace sol y hay nubes. 3 Hoy miércoles llueve y hay tormenta. 4 Hoy jueves hace frío y nieva en las montañas. 5 Hoy viernes hay niebla en las montañas y hace frío. 6 Hoy sábado hace sol y calor. 7 Hoy domingo hace sol y hace viento.

Secciones A y B *Gramática*

1 1 Sí, hace mucho calor. 2 Sí, hace mucho viento. 3 Sí, hay mucha niebla. 4 Sí, hace frío. 5 Sí, hace mucho sol. 6 Sí, hace buen tiempo. 7 Sí, nieva mucho/hay mucha nieve.
8 Sí, llueve mucho. 9 Sí, hace mal tiempo.
10 Sí, hay muchas nubes.
11 Sí, hay una tormenta muy grande.

2 1 ¿Qué tiempo hace hoy? 2 ¿Llueve mucho?
3 ¿Hace mal tiempo? 4 ¿Qué tiempo hace en primavera? 5 ¿Hace viento en otoño?
6 ¿Hay nubes? 7 ¿Qué tiempo hará mañana?
8 ¿Hay mucha nieve?

Sección C *Actividades*

1 1 Dígame; Sí, soy yo. ¿Quién es?
2 Dígame; No, no está. ¿Quiere dejar un recado?
3 Dígame; Lo siento, no es aquí.
4 Dígame; Sí, un momento que ahora se pone.

2 1 Ana, tienes un mensaje de Raúl, de las once de la mañana; pregunta si quieres ir con él al cine el domingo próximo. Te esperará en la cafetería Rosas a las 6.30.
2 Ana, tienes un mensaje de Pablo, de las tres de la tarde; dice que mañana por la noche no podrá ir contigo/será imposible ir contigo al teatro porque su madre está enferma en (la) cama.
3 Ana, tienes un mensaje de Anabel, de las cinco y media de la tarde. Te invita a su cumpleaños el sábado. Cenarás/Cenaréis en su casa a las 8.30 y habrá/tendrá/dará una fiesta a las 11 de la noche.

3 1 d 2 e 3 b 4 h 5 a 6 c 7 g 8 k
9 f 10 j 11 i

Sección C *Gramática*

1 1 está 2 soy 3 es 4 Está 5 eres
6 estamos; estamos 7 Está; soy 8 Es; soy

2 1 llamaré 2 vendrá 3 llamará 4 Vendrás
5 volverá 6 volverás 7 estarán 8 podrás

3 1 Me he equivocado de número.
2 Hola, soy Pedro, ¿qué tal?
3 Espera un momento, ahora se pone.
4 Sí soy yo, ¿quién es?

5 Soy Pepe, llamaré más tarde.
6 ¿Puedo dejarle un recado?
7 Lo siento, no es aquí.

Sección D *Actividades*

1 1 g   2 j   3 d   4 c   5 b   6 a   7 h   8 i
9 f   10 e

2 1 Ana y yo estamos desayunando galletas y
leche caliente.
2 Yo estoy esperando el autobús desde hace
una hora.
3 Pepe está durmiendo hasta muy tarde
porque está muy cansado.
4 Mi jefe y yo estamos comiendo en el
restaurante de la empresa.
5 Yo estoy estudiando porque tengo un
examen y quiero aprobar.
6 María está lavándose / se está lavando el
pelo porque va a salir.
7 Mi madre está peinándose / se está peinando
en la peluquería porque va a una fiesta.
8 Mis amigas están bebiendo un café en el
bar de la esquina.
9 Yo estoy leyendo las noticias en el periódico.
10 Mis hermanos están trabajando en una
empresa extranjera.
11 Yo estoy escribiendo e-mails a mis amigos.
12 Pepe y yo estamos jugando al tenis en el
parque.
13 Mi marido y yo estamos viendo un
programa muy interesante en la tele.
14 Yo estoy limpiando la casa porque está
muy sucia.

Sección D *Gramática*

1 1 estáis haciendo   2 está preparando
3 estoy cenando   4 están durmiendo
5 estamos leyendo   6 están viviendo
7 está limpiando   8 estoy estudiando

2 a 1 está bañándose   2 está duchándose
3 están vistiéndose   4 está lavándose
5 estoy acostándome   6 estamos
peinándonos   7 estoy levantándome
b 1 se está bañando   2 se está duchando
3 se están vistiendo   4 se está lavando
5 me estoy acostando   6 nos estamos
peinando   7 me estoy levantando

3 a 1 Sí, estoy escribiéndola.   2 Sí, estoy
leyéndolo.   3 Sí, estoy haciéndolas.
4 Sí, estoy bebiéndola.   5 Sí, estoy viéndolo.
6 Sí, estoy comiéndola.   7 Sí, estoy
buscándolos.   8 Sí, está escribiéndolo.
9 Sí, estoy mirándolas.
b 1 Sí, la estoy escribiendo.   2 Sí, lo estoy
leyendo.   3 Sí, las estoy haciendo.   4 Sí, la
estoy bebiendo.   5 Sí, lo estoy viendo.   6
Sí, la estoy comiendo.   7 Sí, los estoy
buscando.   8 Sí, lo está escribiendo.
9 Sí, las estoy mirando.

Repaso de toda la lección

2 a 1 f   2 g   3 e   4 d   5 c   6 h   7 a   8 b
b 1 teléfono   2 cartas   3 e-mail   4 carta,
e-mail   5 e-mail, teléfono   6 teléfono
7 teléfono

3 E-mail: similar al siguiente.
Querido amigo:
¿Qué tal? Aquí estamos muy bien. Hace un
tiempo muy bueno, por las mañanas hace sol,
pero por las tardes hay nubes y por las noches
hay tormentas. Nos levantamos pronto y
vamos a la piscina. (A veces) subimos a la
montaña y comemos en el campo. Vemos
monumentos y hablamos con la gente del
pueblo. (También) salimos con amigos y
bebemos sangría en el bar. (Generalmente) nos
acostamos pronto. Te mando unas fotos de las
vacaciones: Aquí Ana y yo estamos comiendo
en un restaurante (muy bueno del pueblo).
Aquí estamos paseando por/en la plaza.
Aquí estamos bebiendo agua en la fuente.
Aquí estamos visitando una iglesia (la iglesia
del pueblo).
Aquí estamos haciendo una excursión a las
montañas y aquí estamos haciendo fotos.
Aquí estamos llamando por teléfono.

Lección 12

Sección A *Actividades*

1 f, c, b, e, i, n, m, a, g, o, l, j, k, d, h, p

2 a

```
D   P   L   S   V   M   B
J   L   B   A   I   L   E
K   S   O   L   R   I   B
E   A   Q   I   F   U   I
W   F   C   C   U   J   S
I   C   O   M   I   H   A
O   L   M   B   J   G   F
F   U   I   A   F   D   G
```

b 1 Fui al teatro.   2 Comí en el restaurante.
3 Bailé en la discoteca.   4 Bebí vino.
5 Comí pescado.   6 Fui al cine.   7 Vi una
película.   8 Salí con unos amigos.

3 1 ¿Qué comiste?
2 ¿A qué hora te levantaste? / ¿Cuándo te
   levantaste?
3 ¿Qué desayunaste?
4 ¿Cómo fuiste a trabajar?
5 ¿Cuándo llegaste a la oficina?
6 ¿Por qué llegaste tarde?
7 ¿Por qué llegó tarde el autobús?
8 ¿Dónde comiste?
9 ¿Adónde fuiste después del trabajo? / ¿Qué
   hiciste después del trabajo?
10 ¿Qué compraste?
11 ¿Cuánto te costó (la chaqueta)? / ¿Cuánto
   costó?
12 ¿Qué hiciste después de cenar?
13 ¿Cuándo te acostaste? / ¿A qué hora te
   acostaste?

Sección A *Gramática*

1 Yo: fui, bailé, compré, comí
Tú: saliste, te levantaste, te acostaste
Él/Ella: bebió, hizo, fue, vio, salió

2 1 Fuiste; fui; vi   2 Terminaste; terminé
3 Comió; comí; comió   4 Saliste; salí
5 volviste; Volví   6 bebió; Bebió

3 1 Ayer terminé el trabajo.   2 El sábado
pasado fui al cine.   3 Anoche salí.   4 El fin
de semana pasado compré ropa.
5 ¿Qué hiciste ayer?   6 ¿Adónde fuiste ayer?
7 Anoche también salió.

8 Anoche bailó en la discoteca.
9 ¿Viste una película ayer?
10 Ayer también hice mis deberes.
11 Ayer cené muy tarde también.

Sección B *Actividades*

1 1 b   2 a   3 d   4 e   5 c

2 El verano pasado Juan fue a Málaga de
vacaciones. Estuvo en casa de una familia
española, por eso habló mucho. Pasó un mes y
medio allí, fue a la playa, tomó el sol, nadó en
la piscina que tiene la familia, hizo muchas
excursiones y visitó los monumentos más
importantes de la zona. También estudió
español en una escuela, pero no mucho.

3 1 bailamos   2 comieron   3 visitaron
4 Salisteis   5 compramos   6 preparamos
7 jugaron   8 jugamos   9 estudiamos
10 bailaron

Sección B *Gramática*

1 1 Nosotros comimos en el restaurante.
2 Juan y sus amigos bailaron mucho en la
   discoteca.
3 Nosotros hicimos nuestros deberes.
4 ¿Vosotros estuvisteis en Madrid?
5 ¿Qué hicieron María y sus amigas?
6 ¿(Vosotros) estudiasteis ciencias en la
   universidad?
7 Las cenas fueron buenas.
8 Mis padres estuvieron enfermos.

2 a El verano pasado yo fui a Málaga de
vacaciones. Estuve en casa de una familia
española, por eso hablé mucho. Pasé un mes
y medio allí, fui a la playa, tomé el sol, nadé
en la piscina que tiene la familia, hice
muchas excursiones y visité los monumentos
más importantes de la zona. También
estudié español en una escuela, pero no
mucho.
   b El verano pasado mi hermana y yo fuimos a
Málaga de vacaciones. Estuvimos en casa de
una familia española, por eso hablamos
mucho. Pasamos un mes y medio allí,
fuimos a la playa, tomamos el sol, nadamos
en la piscina que tiene la familia, hicimos

muchas excursiones y visitamos los monumentos más importantes de la zona. También estudiamos español en una escuela, pero no mucho.

3 a 1 ¿Bailaste anoche?   2 ¿Fuiste al cine anoche?   3 ¿Estuviste en casa con Juan? 4 ¿Compraste carne y verdura? 5 ¿Comiste en el restaurante? 6 ¿Saliste con Ana?   7 ¿Qué hiciste anoche?

b 1 ¿Bailasteis anoche? Sí, bailamos toda la noche.   2 ¿Fuisteis al cine anoche? No. No fuimos al cine.   3 ¿Estuvisteis en casa con Juan? Sí. Estuvimos en casa con Juan. 4 ¿Comprasteis carne y verdura? Sí. Compramos carne y verdura.   5 ¿Comisteis en el restaurante? Sí. Comimos en el restaurante.   6 ¿Salisteis con Ana? No. No salimos con Ana.   7 ¿Qué hicisteis anoche? Anoche fuimos al centro.

Secciones C y D *Actividades*

1 Usa esta estructura.
Me llamo . . . nací en . . . el día . . . Viví en . . . Ahora vivo en . . . Fui a la escuela en . . . Estudié . . . en . . . Ahora estudio . . . en . . . Trabajé como . . . en . . . Ahora trabajo como . . . en . . . Estoy soltero/a, casado/a, viudo/a, divorciado/a. Me casé. Tuve mi primer hijo en . . . Tengo un hermano . . . Mi hermano nació en . . . Me divorcié en . . . Compré mi piso en . . . Cambié de trabajo en . . .

2 1 El hombre llegó a la luna en 1969.
2 La primera guerra mundial empezó en 1914.
3 Los Juegos Olímpicos de Barcelona tuvieron lugar en 1992.
4 La Copa del Mundo de fútbol en España fue en 1982.
5 La dictadura de Franco en España duró 40 años.
6 Picasso pintó el famoso cuadro de *Guernica*.
7 El rey del rock 'n' roll fue Elvis Presley.
8 Marilyn Monroe hizo películas.

3 1 famosos   2 muy   3 están   4 Nació 5 Vivió/Estuvo   6 conoció   7 mundo 8 estuvo/vivió   9 Volvió   10 escribió 11 como   12 fue   13 popular   14 fusilaron 15 año   16 edad   17 años

Secciones C y D *Gramática*

1 1 Nací en Madrid.
2 Estudié la primaria en el Colegio Miraflores.
3 Mi madre nació en Valencia.
4 Hice el servicio militar en 1990.
5 Salí con María durante cuatro años.
6 En 1995 viví en Barcelona.
7 Mi padre trabajó en una fábrica.
8 Escribí el libro el año pasado.

2 1 Mis padres vivieron en Inglaterra.
2 Mis hermanos trabajaron como mecánicos.
3 Sus amigos no hicieron todos los deberes.
4 Mis padres comieron pescado.
5 Sus hermanos escribieron artículos de revistas.
6 Vosotros bailasteis poco.
7 Ellos fueron a Estados Unidos.
8 Vosotros estuvisteis en el cine.

3 1 nació   2 fue   3 fue   4 estudió 5 fueron   6 terminó   7 buscó 8 encontró   9 fue   10 empezó 11 conoció   12 Salieron   13 Decidieron 14 llamó   15 vinieron

Repaso de toda la lección

2

	Día 1	Día 2	Día 3	Día 4	Día 5	Día 6
Visita con guía				✔	✔	
Viajar por la mañana	✔				✔	✔
Ver monumentos	✔			✔		
Nadar			✔			
Visita libre ciudad		✔	✔	✔	✔	
Viaje en autobús	✔	✔	✔		✔	✔
Comer en el viaje						✔
Tiendas				✔		
Música/baile español		✔				

Lección 13

Secciones A y B *Actividades*

1 1 mano   2 espalda   3 cabeza   4 pie
5 pierna   6 ojo   7 oído/oreja   8 rodilla
9 garganta   10 brazo

2 1 g   2 h   3 e   4 i   5 a   6 d   7 c   8 f
9 j   10 b

3 1 d   2 c   3 e   4 i   5 g   6 b   7 f   8 h
9 j   10 a

Secciones A y B *Gramática*

1 1 Me duele la cabeza.   2 Le duele la pierna.
3 Nos duelen las piernas.   4 Les duele el
estómago.   5 Me duelen los pies.   6 Me
duelen las muelas.   7 Le duele la garganta.
8 Nos duele la espalda.

2 1 te; Me   2 te; me   3 le; le; se   4 Te; me;
me   5 se; se   6 les; se; les

3 1 tienes   2 ¿Por qué no . . . ?   3 Tienes
4 debes   5 hay   6 ¿por qué no . . . ?
7 hay   8 tiene   9 debes
10 ¿por qué no . . . ?

Secciones B y C *Actividades*

1 1 Ha ido al pueblo.   2 Ha hecho muchos
amigos.   3 No ha montado a caballo.
4 Ha ido a la playa.   5 No ha comprado
regalos.   6 Ha ido de excursión.   7 No ha
visto el museo.   8 Ha comido en el
restaurante Lorenzo.   9 No ha visitado la
ciudad.   10 Ha bailado en la discoteca Loca.

2

```
A  H  N  G  H  L  I  O  P  C
S  M  G  P  E  R  D  I  D  O
F  R  A  G  C  W  E  D  Z  M
T  B  O  P  H  F  X  O  N  P
I  P  Q  R  O  B  A  D  O  R
S  A  L  I  D  O  M  J  Y  A
K  S  R  S  J  C  D  Q  K  D
U  A  D  C  T  E  N  I  D  O
E  D  S  U  F  R  I  D  O  B
H  O  E  S  T  A  D  O  V  L
```

3 1 ha tenido 2 ha trabajado 3 ha ganado 4 han vivido 5 han cambiado 6 ha ganado 7 ha sido 8 ha cambiado 9 ha cambiado 10 has hecho 11 he hecho 12 he querido 13 he comprado 14 he ido 15 he comprado 16 he invertido 17 he guardado 18 Has sido 19 has guardado 20 he dado 21 he regalado 22 Has dejado 23 He trabajado 24 ha dejado

Secciones B y C *Gramática*

1 1 ha tenido 2 he podido 3 hemos encontrado 4 Has leído 5 han terminado 6 ha ganado 7 he comido 8 ha bebido 9 has salido 10 han llegado

2 1 Fernando ha venido pronto esta mañana.
2 ¿Qué te ha pasado en el trabajo?
3 He hablado mucho con mi amigo.
4 No he podido terminar mi trabajo completamente.
5 Mis padres casi han terminado sus vacaciones.
6 ¿Has salido de casa tarde?
7 ¿Han visitado ustedes la ciudad alguna vez?
8 Siempre he trabajado en la misma profesión.

3 1 ¿A qué hora te has levantado?
2 ¿Dónde/Adónde has ido?
3 ¿A qué hora os habéis acostado?
4 ¿Has visto la película?
5 ¿Has hecho los deberes?
6 ¿Para qué te has vestido (así)? / ¿Qué has hecho?
7 ¿Ha vuelto José de la oficina?
8 ¿Dónde os habéis bañado? / ¿Qué habéis hecho?
9 ¿Has escrito la carta a Teresa?
10 ¿Ha roto el vaso María?
11 ¿Cuándo se ha duchado el niño?

Secciones D y E *Actividades*

1 Ejemplos (hay otras combinaciones)
1 g/un bolso de piel
2 k/un espejo redondo
3 b/un jersey de lana
4 e/una llave de metal
5 a/un vestido estampado
6 h/unas gafas de plástico
7 j/una camisa de rayas
8 l/un pañuelo de seda
9 d/una mesa de madera
10 i/un anillo de plata
11 c/un abrigo liso
12 f/un reloj de oro

2 1 una llave 2 un cuchillo 3 un vaso 4 un pañuelo 5 una pelota 6 un sillón 7 un coche 8 un periódico

3 1 El jersey de Juan es de lana.
2 Éste es mi libro de ejercicios de español.
3 Éste es el anillo de oro de Carlos.
4 Las gafas de mi padre son de metal.
5 ¿Has lavado la camisa de rayas de tu padre?
6 Tengo una blusa de seda de color azul.
7 Mi hermana / madre tiene el reloj de oro de mi madre / hermana.
8 He perdido el bolso de piel de mi madre
9 Mi madre tenía un bolso azul que era muy bonito.
10 Llevaba las tarjetas de crédito en la cartera./ En la cartera llevaba las tarjetas de crédito.

Secciones D y E *Gramática*

1 1 nuestra 2 su 3 vuestros 4 nuestro 5 mi 6 sus 7 nuestro 8 sus 9 nuestra 10 vuestras 11 su

2 1 Sí, lo he leído. 2 No, no la he encontrado. 3 Sí, las ha perdido. 4 Sí, lo han comprado. 5 No, no la hemos visto. 6 Sí, los he hecho. 7 No, no las hemos escrito. 8 Sí, los has dejado aquí. 9 Sí, lo han vendido.

3 1 Eran 2 estaba 3 tenía 4 era 5 Tenía 6 llevaba 7 tenía 8 era 9 tenía 10 había 11 era 12 Llevaba 13 tenía 14 estaba 15 estaba 16 había

Repaso de toda la lección

2 1 b, e, f   2 b   3 a   4 a, e   5 g   6 b, g
7 a, c, d, e, h   8 e   9 h   10 d

3 Querida amiga:
¡Cuánto tiempo sin tener noticias tuyas! ¿Cómo estás? Yo estoy bien. En los últimos años mi vida ha cambiado mucho, han pasado muchas cosas. He estudiado español y he vivido en México. He conocido a un(a) mexicano/a y me he casado. Tenemos/Hemos tenido tres hijos. He conseguido un trabajo excelente y he hecho muchos viajes de negocios por Latinoamérica. He vuelto a España varias veces a visitar a la familia. Hemos comprado un apartamento en la playa. He tenido un accidente de tráfico recientemente y he pasado ocho semanas en el hospital.
Hasta pronto. Un abrazo.

Lección 14

Sección A *Más actividades*

1

Escribir	Jugar al tenis	Comer
bolígrafo	pista	restaurante
ordenador	raqueta	cocinar
papel	zapatillas	carne
cartas	pantalón corto	pescado

Ir al cine	Pasear
película	parque
sesión	ciudad
entrada	árboles
terror	flores

Tus frases son similares a estas:
Escribir: Me encanta escribir cartas, escribo con/en el ordenador. A veces escribo cartas en papel, con un bolígrafo.
Jugar al tenis: Me gusta jugar al tenis, juego en una pista, con una raqueta, llevo pantalón corto y zapatillas.
Comer: Me gusta comer en un restaurante y también me gusta cocinar. Como carne y pescado.
Ir al cine: Me encanta ir al cine y veo películas de terror. Compro una entrada para la sesión de las siete.
Pasear: Me gusta mucho pasear por el parque de mi ciudad, hay muchos árboles y flores.

2 1 c   2 b   3 c   4 b   5 a   6 c   7 b   8 b

3 1 c   2 a   3 b   4 c   5 b   6 c   7 b   8 b

4 The cinema is very popular in Spain. In most cities, you can go to the cinema from five in the afternoon until very late. Normally cinemas show films every two hours, except when the film lasts longer. Popular films from the United States are dubbed. Only a few have subtitles. There are also quite a lot of Spanish films. Spain has a good film industry with important and famous directors such as Luis Buñuel, Carlos Saura and Pedro Almodóvar. There are also famous international actors such as Antonio Banderas, Penelope Cruz and Carmen Maura, amongst others.

5 1 Está en el estuario del río de La Plata en el este del país.
2 La plaza de Mayo.
3 Doce millones.
4 Es una ciudad grande, cosmopolita, con mucho ambiente y con mucha historia.
5 Hay centros comerciales, hoteles, restaurantes, teatros, oficinas, rascacielos y muchos edificios.
6 Es un barrio obrero.
7 En el norte.
8 La Casa Rosada, el Congreso Nacional, la catedral, la iglesia de San Ignacio, la basílica de Nuestra Señora del Pilar, el Teatro Colón.

6 b   1 No   2 Sí   3 Sí   4 No   5 Sí   6 No

7 **Horizontal:** 4 conduciendo   5 nieve
7 hacen   9 pone   10 sol   11 dígame
Vertical: 1 preparando   2 lloviendo
3 comiendo   6 es   8 hace   10 sed

8 1 hiciste   2 levanté   3 fui   4 comiste
5 Comí   6 hizo   7 vino   8 estuvo
9 fuiste   10 fui   11 Comí   12 bebí
13 Hiciste   14 vimos   15 jugamos
16 leímos   17 estuvo   18 Fue

9

```
A   G   O   K   F   J   P   E   I   R   C   N
F   C   O   M   I   D   O   O   M   E   R   N   D
P   A   S   A   D   O   H   A   G   D   R   L
C   A   B   E   Z   A   S   G   L   N   N   C
H   R   D   Q   H   P   I   A   Q   D   J   K
W   R   E   C   E   T   A   R   D   A   Y   T
P   O   V   H   C   C   R   G   R   I   P   E
U   G   V   O   H   W   Q   A   V   U   E   N
K   T   S   L   O   X   T   N   M   N   W   I
B   A   X   C   Z   I   J   T   T   F   X   D
S   Z   U   Y   P   O   M   A   D   A   R   O
```

1 comido   2 redonda   3 pasado
4 cabeza   5 garganta   6 pomada
7 tenido   8 hecho   9 recetar   10 gripe
11 catarro   12 plástico

10   1 La famosa actriz, Lola Carrillo.
2 En una calle muy céntrica de la ciudad, en la
misma puerta de la casa de la actriz.   3 La
semana pasada.   4 Un hombre fuerte y
corpulento.   5 El bolso.   6 Escapó al parque.
7 Corrió detrás del hombre.   8 Encontró el
bolso (vacío).   9 Sus gafas, porque sin ellas no
podía estudiar el guión de su próxima película.

Sección B *Más gramática*

1   1 está   2 Es   3 es   4 es   5 encanta/gusta
6 tiene   7 son   8 gustan/encantan   9 tiene
10 son   11 hay   12 están   13 gusta/encanta
14 son   15 hay   16 son   17 son   18 hay
19 gusta

2   1 vas; voy/puedo; estoy   2 Vais; podemos;
estamos   3 Va; puede; está   4 Vas; puedo;
está   5 Van; pueden/quieren; están   6 Vais;
podemos; estoy

3   1 Vendrás   2 iré   3 compraré   4 saldrás
5 Saldré   6 estarás   7 Estaré   8 harás
9 descansaré   10 bañaré   11 tomaré
12 alquilaré   13 viajaré   14 Subiré
15 comeré   16 serán

4   1 Está   2 soy   3 es   4 Soy   5 estás
6 Estoy   7 Hace   8 hace   9 llueve/nieva
10 hace   11 están   12 tomando
13 trabajando   14 Estoy

5   1 ¿Cuándo naciste? (nació usted)
2 ¿Fuiste a clase ayer? (fue)
3 ¿Cuándo nació tu hermano? (nació su)
4 ¿Cuándo estudiaste? / ¿Estudiaste el fin de
semana? (estudió)
5 ¿Dónde / Adónde fuiste de vacaciones? /
¿Por qué fuiste a Mallorca? (fue)
6 ¿Cuánto (tiempo) bailasteis?/ ¿Qué
hicisteis? (bailaron/hicieron)
7 ¿Qué película visteis? (vieron)
8 ¿Cuándo llegaron tus padres? / ¿Quién
llegó ayer? (llegaron sus)
9 ¿Cuándo vino tu hermano? / ¿Quién vino
la semana pasada? (vino su)
10 ¿Cuándo se casaron Luis y Ana? /
¿Quiénes se casaron el año pasado?
11 ¿Qué hicisteis anoche? / ¿Dónde / Adónde
fuisteis anoche? (hicieron/fueron)
12 ¿Tuviste el examen ayer? / ¿Tuvo usted el
examen ayer?

6   1 te/le; me   2 le; le   3 os; nos   4 les; les
5 te/le; me

7   1 denunciar   2 robaron   3 Ocurrió
4 fue   5 Fue   6 estaba   7 Tenía
8 escribía   9 vi   10 vio   11 cogió
12 Era   13 era   14 llevaba   15 era
16 Era   17 Llevaba   18 había   19 tenía

M